Martin Klein · Beweis und Gewissen

Schriften zum Öffentlichen Recht

Band 188

Beweis und Gewissen

Zur Beweiswürdigung im Anerkennungsverfahren
des Kriegsdienstverweigerers

Von

Dr. Martin Klein

DUNCKER & HUMBLOT / BERLIN

Alle Rechte vorbehalten
© 1972 Duncker & Humblot, Berlin 41
Gedruckt 1972 bei Buchdruckerei Bruno Luck, Berlin 65
Printed in Germany
ISBN 3 428 02712 4

Inhaltsverzeichnis

I. Gang der Untersuchung und ihre Ergebnisse 7

II. Beweiswürdigung und Erfahrung 9
  1. Erfahrung als allgemeiner Rahmen der Beweiswürdigung 9
  2. Erfahrung und Beweiswürdigung subjektiver Handlungselemente 12
    a) Fremdpsychische Gegenstände 13
    b) Gesinnungen 18
      aa) Die Ansicht Schmidhäusers 18
      bb) Die Ansicht Brinkmanns 23
  3. Ansätze zur Kritik richterlicher Erfahrung 24
    a) Klassifikation der Erfahrungssätze in der Prozeßrechtslehre .. 24
    b) Erfahrung und Denkgesetze 27
  4. Zur methodologischen Situation richterlicher Beweiswürdigung .. 28
    a) Erfahrung und Intuition 28
      aa) Von der absoluten zur „brauchbaren" Wahrheit 30
      bb) Das Evidenzgefühl als Wahrheitskriterium 32
    b) Richterliche Beweiswürdigung und die sozialwissenschaftliche Methodologie 36
      aa) Ablehnung der dialektischen Erfahrungskritik 37
      bb) Juristische Einwände gegen den Kritizismus 38
      cc) Kritik dieser Einwände 41
      dd) Ursachen der Kritikimmunität richterlicher Erfahrung 42
      ee) Universalität der Erfahrungskritik 45

III. Zum Gewissensbegriff des Bundesverfassungsgerichts 48
  1. Voraussetzungen der Definition 48
    a) Der applikative Zweck 48
    b) Die expliziten Voraussetzungen 51
  2. Historische und realistische Gewissensbeschreibung 52
    a) Historische Aussagen und Realitätsbehauptung als Quellen der Beschreibung 52
    b) Historische und realistische Elemente in der Definition des Bundesverfassungsgerichts 54
  3. Argumentationswert des Hinweises auf den allgemeinen Sprachgebrauch 56
  4. Gewissen und sittliche Autonomie 62
    a) Gewissen als dialektisches Modell 63

b) Sittliche Autonomie in der idealistischen und theologischen Tradition	65
aa) Tradition des deutschen Idealismus	66
bb) Tradition der evangelischen Ethik	67
cc) Ergebnis	69
c) „Verrechtlichung" und Verdinglichung des Sittlichen	69
IV. Zur Beweiswürdigung im Anerkennungsverfahren des Kriegsdienstverweigerers	73
1. „Verstehen" fremder Gewissensentscheidung	73
2. Methodologisches Problem der Beweiswürdigung	76
a) Voraussetzungen des Problems	76
b) Bezugssystem der Beweisfrage	79
c) Bezugssystem der Beweiswürdigung	81
d) Dissonanz der Systeme	86
Literaturverzeichnis	88

I. Gang der Untersuchung und ihre Ergebnisse

Die vorliegende Arbeit geht der Frage nach, ob die Gewissensentscheidung des Kriegsdienstverweigerers Gegenstand des gerichtlichen Beweises sein kann. Mit ihrer negativen Antwort möchte die Arbeit einen positiven Beitrag leisten zur Interpretation des Art. 4 Abs. 3 GG, der §§ 108 VwGO, 286 ZPO und entsprechender Vorschriften in anderen Prozeßordnungen.

Zunächst werden die allgemeinen Regeln aufgesucht, nach denen die richterliche Beweiswürdigung vorgeht. Diese Regeln werden in Rechtsprechung und Lehre unter dem allgemeinen Oberbegriff „Erfahrung" zusammengefaßt (II 1). Die Frage, was „Erfahrung" bedeute und woran sie sich zu legitimieren habe, findet in der juristischen Theorie unterschiedliche Antworten: Engisch verweist auf die Wahrnehmung und ihre Analogien und rezipiert damit einen empiristischen Erfahrungsbegriff (II 2 a); Schmidhäuser verweist auf die verstehende Erfahrung und rezipiert damit eine geisteswissenschaftliche Tradition (II 2 b). Beiden Positionen ist das affirmative Vertrauen auf die richterliche Intuition gemeinsam.

Wäre der Hinweis auf die richterliche Intuition das letzte Wort zu einer juristischen Theorie der Beweiswürdigung, müßte die vorliegende Untersuchung an dieser Stelle schon abbrechen: Denn, daß die deutschen Verwaltungsrichter seit nunmehr über zwölf Jahren die Gewissensentscheidungen nachprüfen, also zumindest intuitiv in Erfahrung bringen können, reichte dann schon für den Nachweis der Justiabilität des Gewissens aus.

Wenn aber nicht aus der Praxis auf die Legitimität dieser Praxis geschlossen werden soll, ist nach einer Kritik richterlicher Erfahrung und Intuition zu fragen. Diese findet sich in den Regeln, welche im Zusammenhang von Revisibilität und Anscheinsbeweis entwickelt wurden (II 3). Diese Regeln wirken sich aber nur auf einen begrenzten Bereich richterlicher Beweiswürdigung aus. Sie lassen den „vorwissenschaftlichen" Teil der Erfahrung unberührt, der gerade im Anerkennungsverfahren des Kriegsdienstverweigerers die Beweiswürdigung leitet.

Der „vorwissenschaftliche", eben intuitive Teil der richterlichen Beweiswürdigung scheint keiner Kritik zu unterliegen. Dies hat seinen Grund darin, daß sich die richterliche Tatsachenforschung gegen mögliche Kritik durch einen falschen Anschein von Objektivität immunisiert hat (II 4 a). Das Dilemma zwischen beanspruchter und nicht erreichter Objektivität kann nur durch eine Logik richterlicher Tatsachenforschung vermieden werden. Eine solche Logik könnte sich in der Auseinandersetzung mit der sozialwissenschaftlichen Methodologie entwickeln lassen (II 4 b).

In Teil III wird der Gewissensbegriff des Bundesverfassungsgerichts auf seinen Inhalt und seine Herkunft hin untersucht. Das ausschließliche Ziel dieser Analyse ist es, eine Gegenüberstellung des Gewissensbegriffs und der richterlichen Gewissenserforschung vorzubereiten.

Die Analyse des Gewissensbegriffs stößt auf zwei einander widerstreitende Tendenzen der Definition: eine historisierende und eine begriffsrealistische (III 2). Das Bundesverfassungsgericht versucht, den Zwiespalt durch den Hinweis auf den allgemeinen Sprachgebrauch zu verdecken (III 3). Der vom Bundesverfassungsgericht herangezogene Sprachgebrauch ist aber nicht ein allgemeiner, sondern spezifisch nach dem Autonomieverständnis der idealistischen Philosophie und der theologischen Ethik ausgerichtet (III 4).

Im letzten Teil (IV) kann nun die Frage nach der Justitiabilität des Gewissens gestellt werden. Es ergibt sich, daß die Gewissensdefinition des Bundesverfassungsgerichts nicht in Einklang zu bringen ist mit dem empirischen Rahmen, der jedes richterliche Wissen von den Gegenständen der Außenwelt und damit die Beweiswürdigung begrenzt. Die Gewissensdefinition des Bundesverfassungsgerichts schloß alle empirischen Gewissensbegriffe aus. Da nur ein empirisch faßbares Gewissensphänomen Gegenstand der richterlichen Beweiswürdigung sein kann, muß das Gewissen entweder neu definiert oder das Anerkennungsverfahren abgeschafft werden.

Die vorliegende Arbeit lag der Rechts- und Wirtschaftswissenschaftlichen Fakultät der Universität Mainz als Dissertation vor. Sie wurde im Herbst 1970 abgeschlossen.

II. Beweiswürdigung und Erfahrung

1. Erfahrung als allgemeiner Rahmen der Beweiswürdigung

Gemäß 286 Abs. 1 ZPO hat das Gericht „nach freier Überzeugung zu entscheiden, ob eine tatsächliche Behauptung für wahr oder für nicht wahr zu erachten sei"[1]. Mit dem Grundsatz der freien Beweiswürdigung wendet sich die Zivilprozeßordnung gegen das frühere Ideal eines ausgebreiteten Systems gesetzlicher Beweisregeln[2]. In diesem historischen Zusammenhang bedeutet Freiheit der Beweiswürdigung die richterliche Unabhängigkeit von einer gesetzlichen Beweis- oder Erkenntnistheorie. Damit ist der Vorgang der Beweiswürdigung allerdings nur negativ umschrieben, ohne daß der theoretische Rahmen schon festgelegt wäre, innerhalb dessen eine „freie Überzeugung" sich bildet.

Als ein solcher Rahmen, der die Freiheit der Beweiswürdigung einschränkt, wird das richterliche Erfahrungswissen angesehen. Das Erfahrungswissen in seinen verschiedenen Abstufungen geht der richterlichen Überzeugung voraus und liegt ihr zugrunde. Der Begriff Erfahrung meint hierbei sowohl die unmittelbare Wahrnehmung des Richters selbst als auch dessen Bewertung des Wahrheits- und Aussagegehalts eigener oder fremder Wahrnehmungen[3]. Unterscheidet man solche Tatsachen, die der unmittelbaren Wahrnehmung des Richters zugänglich sind, von anderen Tatsachen, die dem Richter erst durch Indizien vermittelt werden[4], wobei eine dritte Klasse von Tatsachen non datur[5], so liegt schon darin die Reduktion jeder Beweiswürdigung auf Erfahrung: Die Bedingungen der Möglichkeit der Erfahrung begrenzen die unmittelbare Wahrnehmung ebenso wie die „Erfahrungsregeln", welche im Falle des Indizienbeweises „die Brücke vom Wahrgenommenen zum Nichtwahrgenommenen schlagen"[6].

---

[1] Vgl. § 108 VwGO, § 128 SGG, § 96 FGO, § 261 StPO.
[2] *Blomeyer*, Gutachten, S. 13 mit Nachw.; vgl. auch § 286 Abs. 2 ZPO, der einen numerus clausus gesetzlicher Beweisregeln als Ausnahme zuläßt.
[3] *Schreiber*, Logik, S. 68, gebraucht hier mit *Carnap* die Begriffe Extension und Intension; dazu näher *Stegmüller*, Wahrheitsproblem, S. 138 ff.
[4] z. B. *Engisch*, Logische Studien, S. 60 ff.
[5] Vgl. *Schreiber*, Logik, S. 69; *Engisch*, Logische Studien, S. 81.
[6] *Engisch*, Logische Studien, S. 67.

II. Beweiswürdigung und Erfahrung

Die richterliche Überzeugung ist also nicht in dem Sinne frei, daß sie von der Erfahrungsgrundlage absehen dürfte. Dies gilt einmal, weil die Erfahrung und nur sie den Stoff für die Überzeugung liefert, zum anderen, weil die Lebenserfahrung im weitesten Sinne gleichzeitig den Maßstab der Überzeugung bildet.

Als Maßstab der richterlichen Überzeugung fungiert Erfahrung wiederum in zweifacher Anwendung: Erstens liefert sie eine Skala, an der der Wahrheitswert des Beweismittels abzulesen ist, zweitens bestimmt sie jenen Punkt auf dieser Skala, der den Übergang von bloßer Wahrscheinlichkeitsannahme zu voller richterlicher Wahrheitsüberzeugung markiert. Erfahrung ist also Maßstab und Metamaßstab zugleich.

Ob der durch die Erfahrung beigebrachte Stoff dafür ausreiche, die volle Überzeugung von der Wahrheit einer Behauptung zu begründen, wird von der Erfahrung entschieden[7]. Wann Wahrscheinlichkeit in Wahrheit umschlägt, entscheidet der „besonnene, gewissenhafte und lebenserfahrene Beurteiler"[8]. Seine Maßstäbe sind „für das praktische Leben allein brauchbar"[9].

Vermag die richterliche Beweiswürdigung die durch Erfahrung gesetzten Grenzen nirgendwo zu überschreiten, so muß auch der gesetzlich bestimmte Gegenstand der Beweiswürdigung diese Grenze einhalten. Die Kongruenz von gesetzlichen Tatbestandsmerkmalen und möglichen Beweisgegenständen ist eine rechtslogische Forderung. „Sinnlos sind für den indikativen Teil der Rechtssprache alle Sätze, für die kein Ver-

---

[7] Der durch Erfahrung beigebrachte Sachverhalt muß „derart sein, daß er unter Verwertung allgemeiner Erfahrungssätze, insbesondere der allgemeinen Lebenserfahrung, die Überzeugung des Richters in vollem Umfang begründet". BGH, LM 1 zu § 91a ZPO; LM 45 zu § 256 ZPO. Zur Verpflichtung des Richters, eine Behauptung, erst bei voller Überzeugung von ihrer Wahrheit als bewiesen anzusehen, vgl. *Hainmüller*, S. 38; *Tietgen*, Gutachten, S. 80.

[8] BGH, NJW 51, 83 f.

[9] RGZ 162, 223 ff. (229); weitere Nachweise bei *Hainmüller*, S. 39 Anm. 212. In diesem Zusammenhang wird häufig Erfahrungswissen synonym mit Vernunft gebraucht, z. B. der „vernünftige, die Lebensverhältnisse überschauende Mann" (*Rosenberg*, Beweislast, S. 181), der „jeden vernünftigen Zweifel ausschließende Grad von Wahrscheinlichkeit" (BGH 7, 116 ff./119 f./; 18, 311 ff./ 318/).
Die Abgrenzung von Wahrheit und Wahrscheinlichkeit wird deshalb der Erfahrung überlassen, weil es im Prozeß um historischen, nicht um logischen Beweis gehe. Der historische Beweis leide jederzeit unter der „Fehlbarkeit des menschlichen auf der Erfahrung beruhenden Erkenntnisvermögens", so daß absolute Gewißheit niemals erreichbar sei. Anderseits gingen alle Annahmen und Voraussetzungen im Leben von dem „gewöhnlichen Gang der Dinge und ihrem natürlichen Verlauf aus". So müsse sich auch der Richter mit dem faktisch erreichbaren Grad von Wahrheit begnügen. *Rosenberg-Schwab*, § 112 II 1; ebenso *Stein-Jonas*, 19. Aufl., § 286 I 1; *Larenz*, Methodenlehre, S. 205 f.; *Bruns*, S. 273.

1. Erfahrung als allgemeiner Rahmen der Beweiswürdigung

fahren angegeben ist, wie ihre Wahrheit oder Falschheit festgestellt werden kann[10]." Der Satz, nur Tatsachen seien Gegenstand des Beweises, gewährleistet die geforderte Kongruenz[11].

Der Begriff der Tatsache ist identisch mit dem Gegenstand möglicher Erfahrung[12]. Er umfaßt jeden in Raum und Zeit konkret bestimmten Umstand der Außenwelt und des menschlichen Seelenlebens[13]. Ein Kriterium des Begriffs der Tatsache ist ihre Realität[14]. Diese wird wiederum mit Erfahrbarkeit definiert: „Wirklich ist in der Tat nur, was uns irgendwie durch äußere oder innere Wahrnehmung und für vergangene Erlebnisse auch durch Erinnerung als tatsächlich vorhanden

---

[10] *Schreiber*, Logik, S. 68.

[11] Allerdings zählt die Lehre auch Erfahrungssätze und Rechtssätze zu den möglichen Gegenständen des Beweises (*Rosenberg-Schwab*, § 116 II, III; *Stein-Jonas*, § 282 II; *Blomeyer*, Lehrbuch, § 67 I). Da Erfahrungssätze ebenso wie Rechtssätze keine Tatsachen sind (*Hainmüller*, S. 14), scheint die Kongruenz in diesen Ausnahmefällen gestört zu sein. Die Inkongruenz besteht aber nur dem Scheine nach. Sofern Erfahrungssätze und Rechtssätze zu den möglichen Beweisgegenständen gerechnet werden, handelt es sich dann um eine gegenüber der Tatsachenermittlung völlig verschiedene Beweisart. Hier geht es nicht um einen „existenten", „historischen Sachverhalt" (*Bruns*, S. 265), sondern um die vorbereitende Beschaffung von Kenntnissen, mit Hilfe derer dieser Sachverhalt ausgewählt und ermittelt werden soll. Das Gesetz erkennt diesen Unterschied zwar nicht terminologisch, wohl aber in der Sache, indem es den Freibeweis zuläßt (§ 293 ZPO; ebenso bei Erfahrungssätzen, vgl. *Blomeyer*, Lehrbuch, a.a.O.). Um Beweisaufnahme im Sinne des Strengbeweises handelt es sich hierbei ebensowenig, wie wenn das beratende Richterkollegium einen Referendar in die Gerichtsbücherei schickt, um eine Logarithmentafel oder einen Kommentar zu holen. Der Sprachgebrauch des Begriffes Beweis ist üblicherweise sehr weit. Auch die formale Operation der Logik (*Klug*, S. 36) und die richterliche Ableitung des Obersatzes (*Kant*, Kr.d.r.V., A 84) heißen Beweis.
Eine nicht nur terminologisch, sondern logisch begründete Inkongruenz könnte sich aus den Komplikationen ergeben, die bei der rechtstheoretischen Trennung von Tat- und Rechtsfrage auftreten (dazu *Engisch*, Logische Studien, S. 82 ff.; *Scheuerle* AcP 157, 1958, S. 1 ff.; *Henke*, S. 147 ff. und passim). Sofern die Trennung theoretisch mißlingt, wäre eine Sachverhaltsermittlung im Sinne empirischer Geschichtsforschung unerreichbar. Demgegenüber muß eine Theorie der Rechtsanwendung auf der „logisch begrifflichen Trennung von Tat- und Rechtsfrage" als einem „allgemeinen Postulat" bestehen (*Henke*, S. 139). Die Abgrenzungsschwierigkeiten müssen überwunden werden, will man nicht „irrationale Rechtsfindung" in Kauf nehmen (*Henke*, S. 140).

[12] Die Lehre unterscheidet zwischen Tatsachen im engeren Sinne, die hier gemeint sind, und Tatsachen im weiteren Sinne, womit auch Rechte gemeint sein können. Bei den Tatsachen im weiteren Sinne weicht der prozessuale von dem rechtstheoretischen Sprachgebrauch ab. Der prozessuale Sprachgebrauch ist deshalb sinnvoll, weil die Rechte als Tatsachen im weiteren Sinne als Inbegriffe der eine bestimmte Rechtsfolge auslösenden Tatsachen im engeren Sinne verstanden werden. *Blomeyer*, Lehrbuch, § 67 I; *Rosenberg-Schwab*, § 116 I 1; *Stein-Jonas*, § 282 II.

[13] z. B. *Rosenberg-Schwab*, a.a.O.; *Blomeyer*, a.a.O.

[14] Vgl. außer den in Anm. 13 Genannten: *Bruns*, S. 265; *Larenz*, Methodenlehre, S. 199 ff.

oder geschehen unmittelbar oder mittelbar verbürgt ist[15]." Richterliche Überzeugung heißt Wirklichkeitsüberzeugung. „Eine Tatsache ist als echte Tatsache, als wirklich, festgestellt und erwiesen, wenn der Urteiler von ihrer Wirklichkeit überzeugt ist[16]." Obgleich nur der Richter das Zeugnis über die Wirklichkeit der behaupteten Tatsachen ausstellt, soll das Gesetz die Rechtsfolgen an der Wirklichkeit selbst, nicht also erst an ihrem prozessualen Attest, festmachen[17].

Die Begriffe Beweis, richterliche Überzeugung, Tatbestandsmerkmal, Tatsache, Realität, werden insgesamt auf Erfahrung zurückgeführt.

Erfahrung beherrscht die richterliche Beweiswürdigung in allen Stufen: Von der Wahrnehmung über die Indizienschlüsse auf das nicht Wahrgenommene bis hin zur Bewertung des Stoffes in einem Wahrscheinlichkeitsurteil und dessen Metabeurteilung als hinreichende oder nicht hinreichende Überzeugungsgrundlage. Aber damit ist die totale Herrschaft der Erfahrung über die richterliche Beweiswürdigung noch nicht erschöpfend beschrieben. Denn, ob der Erfahrung die Beweiswürdigung gelungen ist oder nicht, entscheidet wiederum — die Erfahrung! Die Frage, ob das Gewissen des Kriegsdienstverweigerers prinzipiell vom Richter in Erfahrung gebracht werden kann, beantwortet das Bundesverfassungsgericht wie folgt: „Praktische Schwierigkeiten bei der Beurteilung solcher Sachverhalte müssen in Kauf genommen werden; sie liegen in der Natur der Sache, sind übrigens — wie die bisherigen Erfahrungen (!) zeigen — nicht unüberwindlich[18]." Gewissenserforschung ist also ein zwar schwieriges, aber doch lösbares Problem. Als Kronzeugin der gelungenen Problemlösung ruft das Gericht wiederum die Erfahrung auf.

Während das oben angeführte Schrifttum schon die Allgegenwart der Erfahrung bei der Beweiswürdigung zeigte, bestimmt die Bemerkung des Bundesverfassungsgerichts Erfahrung als das gleichsam transzendentale Vermögen einer Kritik seiner selbst.

2. Erfahrung und Beweiswürdigung subjektiver Handlungselemente

Im prozeßrechtlichen Begriff der richterlichen Erfahrung sind zwei Traditionen äquivok versammelt, die Erfahrungstradition des frühen philosophischen Positivismus und die Erfahrungstradition des geisteswissenschaftlichen Verstehens.

---

[15] *Engisch*, Logische Studien, S. 53; vgl. auch S. 58 und 60.
[16] *Engisch*, Logische Studien, S. 61.
[17] *Leipold*, S. 23 ff. mit Nachw.; zustimmend *Bruns*, S. 265.
[18] BVerfGE 12, 45 ff. (55/56).

2. Erfahrung und Beweiswürdigung subjektiver Handlungselemente 13

In diesem Abschnitt sollen zwei repräsentative juristische Positionen referiert werden, die jeweils eine dieser Traditionen rezipiert haben. *Engisch* unternahm in seinen „Logischen Studien zur Gesetzesanwendung" (1943) den Versuch einer logischen Nachkonstruktion der richterlichen Tätigkeit. Diese Arbeit steht unter dem Einfluß des positivistisch-erfahrungswissenschaftlichen Denkens, das sich bei Engisch mit der ganzen Kraft seiner antiphilosophischen Polemik reproduziert.

Schmidhäuser rezipierte in seiner Habilitationsschrift eine geisteswissenschaftliche Tradition, die ihn über eine wertphilosophische Metaphysik zu einer Theorie der verstehenden Erfahrung brachte.

Abschließend sei *Brinkmanns* Theorie der Beweiswürdigung im Kriegsdienstverweigerungsverfahren im Interesse einer repräsentativen Vollständigkeit referiert. Brinkmanns Ansicht trägt zur Lösung der hier anstehenden Frage allerdings insofern nichts bei, weil er im Vollbesitz eines unmittelbaren Wertbewußtseins das Problem nicht zu lösen braucht, sondern als Problem überhaupt leugnen kann.

a) Fremdpsychische Gegenstände

Es gehört zu den gesicherten Ergebnissen des Beweisrechts, daß fremdpsychische Gegenstände als sogenannte innere Tatsachen zu den möglichen Gegenständen richterlicher Beweiswürdigung zählen. Gesetzliche Tatbestände enthalten häufig subjektive Merkmale, z. B. den Willen, die Absicht, die Kenntnis. Einen Sonderfall der subjektiven Merkmale bilden die sogenannten Gesinnungsmerkmale, denen besonders im Strafrecht große Bedeutung zukommt. Als Beispiele seien hier die Merkmale verantwortungslos, rücksichtslos und gewissenlos genannt[1, 2]. Es schien daher keine dogmatische Besonderheit zu sein, als das Wehrpflichtgesetz die Gewissensentscheidung des Kriegsdienstverweigerers in die Reihe der gesetzlich gebrauchten inneren Tatsachen aufnahm.

Engisch ist der Frage nachgegangen, wie fremdpsychische Vorgänge für den Richter erkennbar sein können[3]. Für Engisch stellt sich diese Frage im Zusammenhang mit der weiteren Frage: „Was bedeutet die ‚Wirklichkeit' des Sachverhalts, wie vollziehen sich Beweis und Fest-

---

[1] Die strafrechtliche Streitfrage, wie die Gesinnungsmerkmale systematisch einzuordnen seien, als subjektive Unrechtselemente oder als Schuldmerkmale, bleibt im vorliegenden Zusammenhang außer Ansatz, da es hier nur darum geht, wie eine Gesinnungserforschung theoretisch gelingen kann. Zum strafrechtlich systematischen Problem vgl. z. B. *Welzel*, 11. Aufl., S. 79; *Schönke-Schröder*, 15. Aufl., Vorbem. zum Allgemeinen Teil, 46.

[2] In seinem Beschluß vom 7. 3. 1968 (JZ 1968, S. 524) zur Frage der Doppelbestrafung von Zeugen Jehovas bei wiederholter Ersatzdienstverweigerung ordnet das Bundesverfassungsgericht das Gewissen ausdrücklich der inneren Tatseite zu.

[3] a.a.O., S. 37 ff.; besonders S. 67 f.

stellung⁴?" Realität und Beweis der Realität stehen bei Engisch in einem besonderen Zusammenhang: Der Jurist findet in der erkenntnis- und wissenschaftstheoretischen Literatur eine fast unüberschaubare Vielfalt von Realitätsdefinitionen vor[5]. Er selbst steht vor der Aufgabe, eine eigene Definition der Realität zu entwickeln. Diese Aufgabe hat er als Prozessualist, nicht als Epistemologe zu bewältigen[6]. Das ausschlaggebende Kriterium einer juristischen Realitätsdefinition findet Engisch dann auch in dem prozessualen Erfordernis der Beweisbarkeit. „Wir ... brauchen als Juristen nur darauf hinzuweisen, daß eine Wirklichkeit, ein Tatsachenkomplex ohne Beweisbarkeit für uns überhaupt nicht in Frage kommt[7]." Da Beweis nur durch unmittelbare oder mittelbare Wahrnehmung zu erbringen ist, kann Realität nur als Wahrnehmbarkeit definiert werden[8]. Damit scheint sich der erkenntnistheoretische Streit für die Juristen wie von selbst zu erledigen. Allerdings räumt Engisch an anderer Stelle stillschweigend ein, mit dem Rekurs auf Wahrnehmung und das „Gesamtsystem unserer Erfahrung" doch wieder Position in einer erkenntnistheoretischen Auseinandersetzung bezogen zu haben: „Wir dürfen uns als Juristen getrost der ‚naiven' Anschauung von der Realität der Außenwelt und dem Ansichsein der Dinge in ihr anschließen[9]."

Der Begriff des naiven Realismus bezeichnet als terminus technicus eine bestimmte frühe Stufe des erkenntnistheoretischen Realismus[10]. Der hohe philosophische Standard, welcher in den Logischen Studien durchweg eingehalten wird, läßt es als ausgeschlossen erscheinen, daß Engisch ausgerechnet das prägnante Wort „naiv" zufällig und untechnisch gebraucht haben sollte[11]. Dem naiven Realisten steht es wohl an, im Vertrauen auf die Evidenz des eigenen Standpunkts Erkenntnistheorie überhaupt für überflüssig und „angekränkelt"[12] zu halten. Engisch ist hierin konsequent geblieben.

---

[4] a.a.O., S. 38.

[5] a.a.O., S. 39 ff.; eine Gliederung der Auffassungen in drei Gruppen gibt Engisch auf S. 50 f.

[6] *Engisch* betont an mehreren Stellen seine Ablehnung einer erkenntnistheoretischen Lösung des Realitätsproblems (S. 58, 59, 62). Auf S. 67 stellt er polemisch sogar eine „natürliche" Auffassung der „erkenntnistheoretisch angekränkelten" gegenüber.

[7] a.a.O., S. 52/53.

[8] a.a.O., S. 53—82.

[9] a.a.O., S. 58.

[10] Vgl. z. B. *Fischer Lexikon Philosophie*, S. 33 (s. v. Erkenntnistheorie).

[11] Zudem deuten die Anführungszeichen, zwischen denen das Wort steht, und der Kontext mit dem Begriff „Realismus" auf einen technischen Gebrauch.

[12] a.a.O., S. 67.

2. Erfahrung und Beweiswürdigung subjektiver Handlungselemente 15

Ausgehend von dem Begriff der äußeren und inneren Wahrnehmung beschreibt Engisch nun die Reichweite der Realität „teils am Leitfaden der Kausalität, teils unter Auswertung der Ausdrucksbeziehung"[13]. Dabei stößt er in den Bereich des Nichtwahrgenommenen, des bloß Erschlossenen, vor, das aber in einem „höheren und weiteren Sinne als wahrnehmbar"[14] vorausgesetzt wird. Fremdpsychische Vorgänge sind der unmittelbaren Wahrnehmung entzogen, aber durch Zeichen- und Ausdrucksbeziehungen erschließbar[15]. Der Realitätscharakter des Fremdpsychischen ist nicht zu bezweifeln, da das Fremdpsychische ebenso wie das nicht unmittelbar wahrnehmbar Physische (die Rückseite des Mondes) nach den Analogien der Erfahrung erschlossen wird[16].

Wie weit die Analogien der Erfahrung reichen, läßt sich im Kantischen System genau angeben, da dort der Begriff der Erfahrung genau definiert ist. Bei Engisch sind diese Analogien problematisch. Realität ist zunächst durch Wahrnehmbarkeit definiert. Das Nichtwahrgenommene ist gleichwohl real, wenn der Schluß auf das Nichtwahrgenommene legitim ist. Die Legitimität des Schlusses hängt an folgenden Bedingungen: 1. Die erschlossene Realität muß unter „gewissen Bedingungen"[17] als wahrnehmbar gedacht werden können. 2. Der Schluß muß an Wahrgenommenes anknüpfen. 3. Das Erschlossene muß sich in das System von Zeit, Raum und Kausalität einfügen lassen, der Schluß muß also „kategorial verarbeitet" sein.

Auf diese Weise gelingt Engisch zwar eine Abgrenzung des Realen gegen Wertattribute[18], nicht aber eine Kritik der Wahrnehmung selbst und schon gar nicht eine Kontrolle über die nicht-formale, sachliche Legitimität der Schlüsse. Da er sich für den juristischen Gebrauch zu einem naiven Realismus bekennt, ist ihm eine Reflexion auf die Bedingungen der Wahrnehmung verwehrt.

---

[13] a.a.O., S. 55. Auf S. 57 spricht *Engisch* von der „kategorialen Verarbeitung der Wahrnehmungen zur objektiven Wirklichkeit".
[14] a.a.O., S. 55.
[15] *Engisch* schließt hier (S. 67 f.) an die Terminologie *Carnaps* (Logischer Aufbau, S. 24 ff.) an. *Carnap* definiert die Zeichenbeziehung wie folgt: „Diese besteht zwischen denjenigen physischen Gegenständen, die etwas ‚bedeuten' und dem, was sie bedeuten, z. B. zwischen dem Schriftzeichen ‚Rom' und der Stadt Rom." Ausdrucksbeziehungen bestehen zwischen physischen Vorgängen (Stimme, Mienen und anderen Bewegungen) und physischen Gegenständen.
[16] a.a.O., S. 54—56. *Engisch* verweist hier auf *Kant* Kr. d. r. V., A 225 = B 272 f.: „Das Postulat, die Wirklichkeit der Dinge zu erkennen, fordert Wahrnehmung, mithin Empfindung, deren man sich bewußt ist, zwar nicht unmittelbar, von dem Gegenstande selbst, dessen Dasein erkannt werden soll, aber doch Zusammenhang desselben mit irgendeiner wirklichen Wahrnehmung, nach den Analogien der Erfahrung, welche alle reale Verknüpfung in einer Erfahrung überhaupt darlegen."
[17] a.a.O., S. 55.
[18] a.a.O., S. 58.

II. Beweiswürdigung und Erfahrung

Vor allem aber kann sich Engisch des intuitiven Mißbrauchs der Erfahrungsanalogien nicht erwehren. Dies soll am Beispiel der Zeichen- und Ausdrucksbeziehungen demonstriert werden.

Engisch läßt ungeklärt, welcher Natur die Ausdrucksbeziehungen sind, mit Hilfe derer Analogieschlüsse auf das Fremdpsychische überhaupt erst ermöglicht werden. Insbesondere bleibt offen, ob es sich dabei um Kausalbeziehungen handele[19]. *Carnap*, auf den Engisch an dieser Stelle hinweist[20], beantwortet diese Frage ebenfalls nicht. Aus dem Stellenwert der Begriffe Zeichen- und Ausdrucksbeziehung innerhalb Carnaps Konstitutionstheorie ergibt sich aber die Reichweite dieser Konstruktion, die Engisch von Carnap übernimmt und über Carnaps Ausführungen hinaus nicht weiter expliziert:

Carnaps Interesse gilt dem Fremdpsychischen einmal als einer erkenntnistheoretischen Schicht innerhalb des logischen Aufbaus der Welt[21], zum anderen, weil er am Beispiel des Fremdpsychischen den Realismusstreit in der Philosophie als Scheinproblem denunzieren kann[22]. Engisch teilt nur insofern das erstgenannte Interesse, als er in Carnaps Gedanken den Ansatz für eine juristische Beweistheorie vorfindet. Das Interesse an Erkenntnistheorie teilt zwar der Philosoph Engisch, nicht aber der Jurist Engisch.

Der Stellenwert der Begriffe Zeichen- und Ausdrucksbeziehung ergibt sich — verkürzt dargestellt — aus folgendem Ansatz: Carnap verficht die These, daß es mit Hilfe der seit Frege und Russell entwickelten formalen Logik möglich sei, „alle Begriffe auf das unmittelbar Gegebene zurückzuführen"[23]. Ausgehend von wenigen logischen Grundbegriffen lassen sich vier Hauptschichten eines erkenntnistheoretischen Systems aufbauen:

4. Geistige Gegenstände

3. Fremdpsychische Gegenstände

2. Physische Gegenstände

1. Eigenpsychische Gegenstände

---

[19] a.a.O., S. 68.

[20] a.a.O., S. 68 Anm. 1; *Carnap*, Logischer Aufbau, S. 28 oben.

[21] So vor allem in seiner Schrift: Logischer Aufbau, §§ 18—22 und §§ 139 bis 149.

[22] So vor allem in seiner Schrift: Scheinprobleme in der Philosophie. Diese Schrift ist ebenso wie der logische Aufbau 1928 erschienen. *Engisch* nimmt merkwürdigerweise auf sie keinen Bezug. Beide Schriften *Carnaps* bezeichnen eine frühe, besonders radikale Stufe seines Denkens.

[23] Vorwort zur 2. Aufl. des Logischen Aufbaus. Dazu kritisch besonders *Kambartel*, passim.

2. Erfahrung und Beweiswürdigung subjektiver Handlungselemente 17

Diese Aufstellung ist von unten nach oben zu lesen[24]. Die Anordnung der Begriffe in dieser Aufstellung bedeutet, daß jeder Begriff erkenntnistheoretisch sekundär gegenüber dem unter ihm stehenden Begriff und daß jeder Begriff „durch bloße Bezugnahme auf unter ihm stehende Begriffe" eindeutig gekennzeichnet werden kann[25]. Das Fremdpsychische konstituiert sich also aus Eigenpsychischem und Physischem. „Wenn ich ein Wissen um ein konkretes Fremdpsychisches habe, das heißt um bestimmte Bewußtseinsvorgänge (oder auch Unbewußtes) eines anderen Subjektes A, so kann ich dieses Wissen auf verschiedene Weise erworben haben. Erstens erfahre ich Fremdpsychisches, wenn A mir seine Bewußtseinsvorgänge mitteilt (mein Erlebnis dabei heiße E 1); ferner aber auch ohne Mitteilung, wenn ich Ausdrucksbewegungen (Mienen, Gesten) oder Handlungen des A wahrnehme (E 2). Zuweilen kann ich auch (vermutungsweise) ein Wissen um die Bewußtseinsvorgänge des A haben, wenn ich seinen Charakter kenne und außerdem weiß, unter welche äußeren Bedingungen er jetzt geraten ist (E 3). Einen anderen Weg zur Erkennung von Fremdpsychischem gibt es nicht[26]." Das Erlebnis E 1 wird dem Beobachter durch Zeichenbeziehungen, das Erlebnis E 2 durch Ausdrucksbeziehungen projektiv vermittelt. Das Erlebnis E 3 setzt vorangegangene Erlebnisse von der Art E 1 oder E 2 voraus.

Für Carnaps erkenntnistheoretisches Interesse reicht diese schematisierende Beschreibung des Erkenntnisvorgangs schon aus. Ihm geht es nur um die rationale Nachkonstruktion des Fremdpsychischen, nicht dagegen um eine psychologische Analyse der Zeichen- und Ausdrucksbeziehungen. Für ihn bleibt gleichgültig, ob das Zuordnungsproblem der psychophysischen Beziehung wissenschaftlich gelöst wird oder, wie er meint, beim jetzigen Stande der medizinischen und psychologischen Einzelwissenschaften noch rein intuitiv geschieht[27]. Die konstitutionelle Abhängigkeit gilt in beiden Fällen.

Carnap klärt nur die formale Seite des Erkennens von Fremdpsychischem auf. Er behauptet, Erkennen gehe in der Form von Analogieschlüssen vor sich, wobei Subjektives in die Außenwelt projiziert werde. Weder geht es ihm darum, den Realitätsbeweis für diese Außenwelt zu führen — im Gegenteil: schon die Frage nach der Realität ist für ihn sinnlos —, noch will er die Analogien der Erfahrung als richtig oder als wissenschaftlich irgendwie rechtfertigen. Auf den Analogien steigt man wie auf Treppen von Stockwerk zu Stockwerk der logisch auf-

---

[24] Vgl. Scheinprobleme, S. 42.
[25] a.a.O., S. 42.
[26] a.a.O., S. 32.
[27] Logischer Aufbau, S. 26 f.; S. 191.

gebauten Welt. Carnap ist es dabei völlig gleichgültig, wer im Einzelfall die Treppen benutzt. So wohnen im obersten Stockwerk — dem der geistigen Gegenstände — Metaphysik ebenso wie Mathematik, die bei Carnap Sinnloses und Sinnvolles repräsentieren. Er will nur beweisen, daß, wer immer nach oben wolle, nur über diese Treppen dorthin gelange.

Wenn nun Engisch in seiner Theorie der Realität und ihrer Beweiswürdigung Carnaps Begriffe der Zeichen- und Ausdrucksbeziehung ohne weitere Explikation übernimmt, so gewinnt er damit nicht mehr, als Carnap zu geben vermochte[28]. Ein Realitätsbeweis läßt sich für die durch Zeichen- und Ausdrucksbeziehungen erschlossenen Gegenstände nicht führen. Gleichwohl muß Engisch den so erschlossenen Gegenständen das Realitätszeugnis ausstellen. Hier rächt sich die böse Tat, Erkenntnistheorie insgesamt für angekränkelt zu halten. Die mögliche Alternative ist nicht eine antiphilosophische Erkenntnispraxis, wie sie Engisch vorschwebte, sondern nur eine unkritische Philosophie der Praxis.

Engischs „prozessualer" Realismus ist insofern unkritisch, als er folgendem Fehlschluß unterliegt: Weil alle nichtwahrnehmbaren Gegenstände, die gleichwohl in einem höheren Sinne wahrnehmbar und daher real sind, nach den Analogien der Erfahrung erschlossen werden, sind alle nach den Analogien der Erfahrung erschlossenen Gegenstände real.

Die Argumentationskette ist nicht stärker als ihr schwächstes Glied. Das schwächste Glied ist die Intuition, welcher Engisch für die Realität konstitutive Bedeutung einräumen muß.

b) Gesinnungen

aa) Die Ansicht Schmidhäusers

Ein Beweisproblem[29] besonderer Art geben die sog. Gesinnungsmerkmale des Strafrechts auf. Sofern Gesinnungen als Tatsachen des seelischen Geschehens anzusehen wären, bliebe dieses Problem innerhalb des theoretischen Rahmens, der allgemein die Fälle der Erfahrung von Fremdpsychichem umfaßt. Gesinnungsmerkmale verdienten dann innerhalb der Diskussion dieses Rahmens keine Sonderbehandlung. Nur innerhalb des Strafrechts bliebe zu erörtern, inwieweit Vorbehalte gegen

---

[28] Zur wissenschaftlichen Intention in *Carnaps* Logischem Aufbau vgl. *Stegmüller*, Hauptströmungen, S. 387 ff.
[29] Im vorliegenden Zusammenhang bleibt das strafrechtlich-systematische Problem der Gesinnungsmerkmale unberücksichtigt, obwohl es mit dem hier diskutierten Erfahrungsproblem eng zusammenhängt. Vgl. oben II 2 a, Anm. 1.

2. Erfahrung und Beweiswürdigung subjektiver Handlungselemente

Gesinnungsmerkmale geltend zu machen seien, die sich aus der Ablehnung eines Gesinnungsstrafrechts ergeben[30].

Nun wird im Strafrecht aber darum gestritten, ob die Gesinnungsmerkmale nicht außerhalb des Fremdpsychischen und damit außerhalb des Rahmens aller anderen Merkmale der Straftat anzusiedeln seien. Schmidhäuser hat den Gesinnungsmerkmalen im Strafrecht eine Monographie gewidmet[31], die dieses Problem eingehend erörtert. Seine Stellungnahme ist im vorliegenden Zusammenhang von besonderem Interesse, einmal, weil das Anerkennungsverfahren des Kriegsdienstverweigerers den Gesinnungsprozeß par excellence darstellt[32, 33], zum anderen, weil Schmidhäuser — soweit ich sehe — als einziger den theoretischen Rahmen erörtert, innerhalb dessen Gesinnung und Gewissen nicht als nichtpsychische Phänomene gleichwohl Gegenstand richterlicher Erfahrung sein können. Werden Gesinnung und Gewissen weder als physische noch als psychische Phänomene, aber trotzdem als Erfahrungstatsachen verstanden, so ist damit der Erfahrungsbegriff gegenüber dem bisher referierten Schrifttum um eine dritte Kategorie erweitert[34].

Schmidhäuser bereitet die Antwort auf die Frage, wie die fremde Gesinnung in Erfahrung gebracht werden könne, schon bei der Definition der Gesinnung vor. Der Mensch ist geistiges Wesen. Als ein solches hat er Zugang zur Objektivität des lebendigen Geistes. Das Individuum als personaler (oder subjektiver) Geist richtet sich in sittlicher Gesinnung auf Werte (oder Ideale) aus, die als objektiver Geist überpersönlich und überindividuell sind[35]. Gesinnung ist „ethischer Sachverhalt", „eine auf die Verwirklichung sittlicher Ideale gerichtete geistige Werthaltung von gewisser Dauer"[36]. Gesinnung selbst ist „geistige Tatsache". Als eine solche ist sie Gegenstand eigener und fremder Erfahrung.

Das Erfahren fremder Gesinnung geht nicht nach den Regeln des (objektiven) psychologischen Tests, sondern nach den hermeneutischen Regeln des Verstandes vor. „Unser ‚Verstehen' beruht hier also wesen-

---

[30] Dabei wäre dann vorausgesetzt, daß die Ablehnung des Gesinnungsstrafrechts *nicht* auf der Injustitiabilität der Gesinnung beruhte.
[31] Tübinger Habilitationsschrift, 1958.
[32] *Schmidhäuser* versteht Gesinnung „als die Reihe der verfestigten Gewissensurteile" (S. 64).
[33] *v. Zezschwitz* (JZ 70, S. 237) weist auf die Parallele zu den subjektiven Beweggründen bei Straftätern hin, ohne allerdings den spezielleren Fall der Gesinnungsmerkmale zu erwähnen.
[34] Hier geht es nur um die Möglichkeit dieser Erweiterung, weswegen ich das strafrechtliche Schrifttum zur Ansicht *Schmidhäusers* vernachlässige.
[35] a.a.O., S. 44.
[36] a.a.O., S. 69.

haft auf dem Erlebnis unmittelbarer Evidenz, die sich nicht weiter zurückführen läßt[37]." Evidenz ist etwas Letztes, sie hat ihre Überzeugungskraft in sich.

Die allein vom Evidenzgefühl geleitete Erfahrung kann aber leicht über die Wahrheit hinwegtäuschen. Die Fehlerquellen liegen schon in der Selbsterfahrung; sie potenzieren sich bei der Fremderfahrung. Das Problem der Selbsttäuschung hat Kant in der Grundlegung zur Metaphysik der Sitten beschrieben. Danach ist es „schlechterdings unmöglich, durch Erfahrung einen einzigen Fall mit völliger Gewißheit auszumachen, da die Maxime einer sonst pflichtgemäßen Handlung lediglich auf moralischen Gründen und auf der Vorstellung seiner Pflicht (und nicht auf dem geheimen Antrieb der Selbstliebe) beruht"[38].

Die zusätzlichen Fehlerquellen der Fremderfahrung liegen einmal darin, daß auch das Verstehen vor der Evidenz auf das objektive Material greifbarer Anhaltspunkte angewiesen ist, welches unbeabsichtigt oder beabsichtigt verschoben sein kann; zum anderen darin, daß die Anforderungen der Verstehbarkeit und des Verstehens nicht bei allen Menschen vorliegen. Schließlich „gilt für den, der fremde Gesinnung verstehend erfahren will, daß er ihr überhaupt nur dann näherkommen kann, wenn er selbst in einem wesentlichen Ansatz das fremde Erleben nachvollziehen und die geistige Werthaltung teilen kann"[39].

Schmidhäuser bezweifelt denn auch, daß fremde Gesinnung im Gespräch zuverlässig vermittelt werden könne: „Solange fremde Werthaltung nur unverbindlich etwa im Gespräch geäußert wird, kann ich nicht wissen, was wirklich daran ist, es sei denn, daß schon das gesprochene Wort Bekenntnis bedeutet[40]." Gesinnung, eigene und fremde, wird regelmäßig durch die Tat erfahren.

Diese Unzuverlässigkeit fremder Gesinnungserfahrung besteht aber nur bei wertbejahender Gesinnung. Wertverneinende Gesinnung ist, jedenfalls in den Fällen „extremer Wertverfehlung"[41] — und um solche Fälle handelt es sich bei den strafrechtlichen Gesinnungsmerkmalen —, sehr wohl erfahrbar. Hier kann der Erfahrende ausnahmsweise voraussetzen, daß Verstehender und zu Verstehender Teilhabe an denselben sittlichen Werten haben. Ferner muß die objektive und subjektive Situation des Handelnden derart eindeutig als eine solche beurteilt werden können, daß eine wertbejahende Gesinnung mit Sicherheit eine

---

[37] a.a.O., S. 64.
[38] Grundlegung, S. 407 (Parenthese von mir eingefügt); Zitat bei *Schmidhäuser*, a.a.O., S. 68.
[39] a.a.O., S. 67.
[40] a.a.O., S. 65.
[41] a.a.O., S. 78.

2. Erfahrung und Beweiswürdigung subjektiver Handlungselemente   21

andere als die verwirklichte Tat herausgefordert hätte. Damit gelingt der Negativbeweis der wertbejahenden und zugleich der Positivbeweis der wertverneinenden Gesinnung.

Angewendet auf die forensische Situation bedeutet dies: „Als Merkmale im Strafgesetz, die die Voraussetzungen der praktischen Bestrafung im Einzelfall bezeichnen, müssen Gesinnungsmerkmale eine grundsätzlich erfahrbare Gesinnung angeben, wenn solche Merkmale wirklich Sinn haben sollen; und erfahrbar ist nur die sittlich wert*widrige* Gesinnung, und diese wieder nur bei groben Wertverstößen gegen niedere sittliche Werte[42]."

Schmidhäuser unterscheidet sich von der herrschenden Prozeßrechtslehre besonders in drei Punkten: in der Ausweitung der Erfahrung auf objektive Wertgegenstände eigener Seinsweise, in der Abgrenzung dieser Erfahrung von eigen- oder fremdpsychischem Erleben und schließlich in der Zuordnung dieser Erfahrung zu geistigem Verstehen. In allen diesen Punkten rezipiert Schmidhäuser die materiale Wertethik *Schelers* und *Hartmanns*, auf die er sich an den zitierten Stellen auch durchgängig beruft[43]. Im Gefolge dieser Ontologie idealen Seins erweitert Schmidhäuser den theoretischen Rahmen möglicher Beweiswürdigung um eine neue Kategorie. Unverzichtbare Voraussetzung seines Ansatzes ist das realistische Verständnis jedes Erkennens, gerade auch des metaphysischen Erkennens. Hartmanns „Grundzüge einer Metaphysik der Erkenntnis" „gehen von der Auffassung aus, daß Erkenntnis nicht ein Erschaffen, Erzeugen oder Hervorbringen des Gegenstandes ist, wie der Idealismus alten und neuen Fahrwassers uns belehren will, sondern ein Erfassen von etwas, das auch vor aller Erkenntnis und unabhängig von ihr vorhanden ist"[44].

Bemerkenswert an Schmidhäusers Rezeption einer Wertphilosophie ist, daß er sie nicht als eine solche versteht. Er geht methodisch so vor, daß er zunächst über Gesinnung Anfrage in der Fachpsychologie hält. Als die dort gegebene Antwort nicht brauchbar erscheint, sucht er nach „einem allgemeineren Sprachgebrauch von Gesinnung, auf den die strafrechtliche Auslegung wohl verweist." Diese kann sich nicht an „die einzelnen Definitionen einer Fachwissenschaft halten"[45]. Den gesuchten „allgemeineren" Sprachgebrauch findet er in der „Alltagssprache", im

---
[42] a.a.O., S. 218.
[43] M. E. bedeutet allerdings *Schmidhäusers* Hinweis auf die eben zitierte *Kant*-Stelle eine Rückkehr zu dem von *Scheler* abgelehnten „Formalismus in der Ethik", denn *Kant* verwendet dabei einen restriktiven Erfahrungsbegriff, wonach ethische Sachverhalte niemals Gegenstand der Erfahrung sein können.
[44] S. 1.
[45] a.a.O., S. 33.

„allgemeinen Sprachgebrauch". Alsdann geht es nicht so sehr um Begriffsbestimmung als vielmehr darum, „der Sache selbst näherzukommen". Mit der phänomenologischen Erhellung der Sache ergibt sich dann der Begriff, dem dann alles Zweideutige, Schillernde genommen ist. Aus Beispielen (freiheitlich-demokratische Gesinnung; soziale Gesinnung; kirchliche Gesinnung) gewinnt er induktiv den Begriff.

Inwieweit der Hinweis auf den allgemeinen Sprachgebrauch eine juristische Gewissensdefinition methodisch legitimieren kann, wird unten im Zusammenhang mit der Gewissensdefinition des Bundesverfassungsgerichts, welches dasselbe Argument gebraucht, noch auszuführen sein[46]. An dieser Stelle ist speziell zu Schmidhäusers Methode folgendes anzumerken: Schmidhäusers undiskutierte Voraussetzung, man könne der „Sache" Gesinnung phänomenologisch beikommen und auf diese Weise dem Schillern der Begrifflichkeit entrinnen, ist schon spezifisch für eine bestimmte Schule der „Fachwissenschaft" Philosophie. Sie enthält die philosophische Abbildtheorie und die Restitution des klassischen Wahrheitsbegriffs (adaequatio cognitionis et rei), beides angewendet auf einen Gegenstand der Ethik. Schon mit dieser Voraussetzung begibt sich Schmidhäuser in das Zentrum einer materialen Wertethik. Es überrascht daher nicht, daß Schmidhäusers Ergebnisse später mit den Ergebnissen einer solchen Philosophie übereinstimmen.

Gegen eine solche Klassifikation könnte sich Schmidhäuser auch nicht mit dem Hinweis wehren, er habe sich bei dem Rekurs auf den allgemeinen Sprachgebrauch gerade nicht als Philosoph, sondern eher als Sprachforscher verstanden; denn einmal sind seine Auswahlprinzipien schon in ganz bestimmter Weise philosophisch präformiert; zum anderen würde sich gerade der philosophische Realist im Ernstfall überhaupt nicht als Philosoph, jedenfalls nicht in der spekulativen Bedeutung dieses Wortes verstehen.

Die dezisionistische Ablehnung der „Fachwissenschaft" Psychologie führte Schmidhäuser zu der ebenso dezisionistischen Rezeption einer „Fachwissenschaft" Philosophie. Freilich empfindet niemand als Dezision, was ihm evident erscheint.

Abgesehen von der zweifelhaften methodischen Legitimation seines Ansatzes gelangt Schmidhäusers Untersuchung von diesem Ansatz aus zu äußerst stringent gewonnenen Ergebnissen:

Wird Gesinnung oder Gewissen als etwas verstanden, das die Subjektivität des Eigen- oder Fremdpsychischen objektiv transzendiert, versagen die Regeln, nach denen üblicherweise Fremdpsychisches in Erfahrung gebracht werden kann, versagt die naturwissenschaftliche

---

[46] s. unten III 3.

2. Erfahrung und Beweiswürdigung subjektiver Handlungselemente

Psychologie[47]. Um der Dignität des ethischen Sachverhalts beizukommen, bedarf es einer Ausweitung der Erfahrung auf das Verstehen als geisteswissenschaftliche Disziplin[48].

bb) Die Ansicht Brinkmanns

Schmidhäuser hatte die Subjektivität des Gesinnungs- und Gewissensträgers mit der Objektivität der Werte in Verbindung gebracht und war der Frage nachgegangen, wie es für den Richter möglich sein könne, durch den Vorhang der Subjektivität zur Objektivität fremder Gesinnung vorzudringen. Seine Antwort ermöglichte nur den Negativbeweis, während er sich über die Möglichkeit des Positivbeweises sehr skeptisch äußerte.

Brinkmann beantwortet dagegen auch, wie der positive Gewissensbeweis möglich sein könne. Seine Antwort ergibt sich aus einem einfachen Gewissens- und Beweismodell.

Gewissen ist nach Brinkmann in formellem Sinne ein Wissen, im materiellen Sinne ein Wissen um das Gerechte oder objektiv Gute und Ungerechte oder objektiv Böse[49]. Deshalb kann es das sog. irrende Gewissen nicht geben. Denn entweder ist die Erkenntnis richtig, dann handelt es sich um das echte Gewissen, oder das Bewußtsein ist falsch, dann kann man nicht mehr von Erkenntnis oder Gewissen sprechen, in deren Begriff die Richtigkeit bzw. Objektivität schon enthalten ist. Das irrende Gewissen ist ein Widerspruch in sich. Die Lehre vom irrenden Gewissen redet einem „völligen Subjektivismus" das Wort[50].

Entsprechend einfach gestaltet sich die Beweisfrage. Die Gewissensentscheidung gegen den Kriegsdienst kann sich nur auf einen ungerechten Krieg beziehen. Gegen die Teilnahme an einem gerechten Krieg kann es eine (objektive) Gewissensentscheidung nicht geben. Beim Gewissensbeweis spielt daher die Haltung des betroffenen einzelnen überhaupt keine Rolle. Zentrale Beweisfrage ist allein die Gerechtigkeit

---

[47] a.a.O., S. 47.
[48] a.a.O., S. 47.
[49] Grundrecht und Gewissen, S. 56 ff. Methodisch geht *Brinkmann* so vor, daß er zunächst in einem referierenden Teil die Mehrdeutigkeit des Ausdrucks Gewissen konstatiert. Es scheint ihm daher nötig, unter den vielen Bedeutungen „die zutreffende Bedeutung festzustellen". Die zutreffende Bedeutung ist nach Brinkmann allein die „ursprüngliche" Bedeutung, die er aus der Etymologie erfragt (S. 58).
Wenn die Etymologie über die alleinzutreffende Bedeutung eines Wortes entscheidet, ist auch ein Tisch ein Quadrupede und ein Hund ein Automobil. Vgl. zur Kritik der etymologischen Interpretation: *Schneider*, Verfassungsinterpretation, S. 6 und passim.
[50] a.a.O., S. 88 f.

des geführten oder vorbereiteten Krieges[51]. Da 26 Abs. 4 Satz 1 WPflG auf die Persönlichkeit des Antragstellers abstellt und damit die falsche Beweisfrage stellt, ist diese Vorschrift ungültig und unverbindlich[52].

Brinkmann vollstreckt hier als Jurist eine Wertphilosophie, zu der er sich als Philosoph schon vorher bekannt hatte[53]. Es geht hier nicht um eine Kritik an seiner Philosophie, die in ihrer Schlichtheit kaum zu überbieten sein dürfte. Im vorliegenden Zusammenhang ist nur so viel festzuhalten: Wird das Gewissen in einer forensischen Definition mit einer irgend gearteten Objektivität in Verbindung gebracht, kann der Gewissensbeweis nur gelingen, wenn diese Objektivität im Gerichtssaal sichtbar gemacht wird. Brinkmann verfährt insofern konsequent, nur schafft er mit dem Anerkennungsverfahren auch gleich das Recht zur Kriegsdienstverweigerung ab, da noch kein kriegführender Staat der Welt nach Ansicht seiner Richter einen ungerechten Krieg geführt oder vorbereitet hat[54].

Darüber hinaus wäre zu überlegen, ob nicht von Brinkmanns Voraussetzungen her das positive Recht überhaupt ganz abzuschaffen wäre, denn wenn die Richter in der Lage sind, das objektiv Gerechte zu erkennen, sollte der Gesetzgeber sie bei ihrer Wertschau nicht durch eine Bindung an positive Gesetzesentscheidungen behindern.

3. Ansätze zur Kritik richterlicher Erfahrung

a) Klassifikation der Erfahrungssätze in der Prozeßrechtslehre

Im Zusammenhang mit der Lehre vom Anscheinsbeweis und der Frage nach der Revisibilität der Erfahrungssätze war die Prozeßrechtslehre zu einer Klassifikation der Erfahrungssätze nach ihrer Qualität

---

[51] „Erfolgt allein jener Kriegsdienst gegen das Gewissen, der Unrecht ist..., so ist das, was zum Beweise steht, auch nur das letztere. Das bedeutet: Es ist zu beweisen, daß der in Friedenszeiten vom Staate geforderte Kriegsdienst als vorbereitender und der in Kriegszeiten verlangte als vorbereitender bzw. geführter einem Gegner gilt, der durch keinerlei mögliches bzw. wirkliches Unrecht den einen bzw. anderen Kriegsdienst verdient; oder daß dieser Dienst nicht zu einem ausreichenden Teilerfolg führen kann. Denn einzig in Fällen solcher Art verstößt der Kriegsdienst als Unrecht gegen das Gewissen. Dafür kommt es in keiner Weise auf die Haltung des Betroffenen an, sondern ausschließlich auf die des Staates" (S. 293). Es versteht sich fast von selbst, daß die Bundeswehr in ihrer gegenwärtigen Gestalt nur der Vorbereitung der gerechten Verteidigung dient und daß deshalb Kriegsdienstverweigerer heute keine Gewissensentscheidung getroffen haben können.
[52] a.a.O., S. 292 ff.
[53] Rechtsphilosophie, 1960.
[54] Vgl. *Heinemann*, NJW 61, S. 355.

3. Ansätze zur Kritik richterlicher Erfahrung

genötigt. Diese Klassifikation gibt darüber Auskunft, in welchem Rahmen richterliche Erfahrung innerhalb der prozessualen Praxis der Kritik unterliegt.

Man unterscheidet Erfahrungsgesetze, Erfahrungsgrundsätze und einfache Erfahrungssätze[1]. Die Erfahrungsgesetze enthalten die exakte naturwissenschaftliche Kenntnis über zwingende Tatsachenabläufe. Sie haben größtmögliche Beweiskraft. Erfahrungsgrundsätze geben Auskunft über die Wahrscheinlichkeit eines typischen Verlaufs. Sie bilden die Grundlage für den Anscheinsbeweis, der im Gegensatz zu dem durch Erfahrungsgesetze geführten Beweis erschütterbar ist. Einfache Erfahrungssätze geben alles übrige Erfahrungswissen, also auch das des „täglichen Lebens"[2], der „vorwissenschaftlichen Erfahrung"[3] wieder. Ihr Beweiswert liegt nicht von vornherein fest und unterliegt der richterlichen Feststellung im Einzelfall.

Die im prozessualen Sinne qualifizierten Formen der Erfahrung — die Erfahrungsgesetze und die Erfahrungsgrundsätze — unterscheiden sich von der nichtqualifizierten Form der Erfahrung — den einfachen Erfahrungssätzen — hinsichtlich ihres Beweiswertes. Während der Richter im ersten Fall an den als objektiv gedachten Beweiswert gebunden ist, entscheidet er im zweiten Fall frei über den Beweiswert[4]. Ein Verstoß gegen die Beweiswertbindung bei qualifizierten Erfahrungssätzen ist revisibel. Die qualifizierten Erfahrungssätze stehen den Beweisregeln der Zivilprozeßordnung insofern gleich[5].

Liegt dem Urteil des Tatrichters nicht eine falsche Beurteilung des Beweiswertes, sondern eine Verkennung[6] von Erfahrungssätzen überhaupt zugrunde, so ist dieser Fehler revisibel. Der Richter hat dann gegen das gesetzliche Gebot verstoßen, die Beweiswürdigung nach der Erfahrung vorzunehmen. In dieser Hinsicht stehen alle Erfahrungssätze gleich.

Es ist zu fragen, inwieweit die referierte Erfahrungskritik den theoretischen Rahmen der Beweiswürdigung überhaupt diskutiert.

---

[1] Ich folge der Terminologie *Hainmüllers*, S. 35 ff., dem sich *Blomeyer*, S. 16 f. weitgehend angeschlossen hat. Zustimmend auch *Rosenberg-Schwab*, § 116 II.

[2] *Blomeyer*, Gutachten, S. 16.

[3] *Schreiber*, Beweiswert, S. 27.

[4] BGHZ 12, 22 ff. (25); *Blomeyer*, Gutachten, S. 49 f.; *Schreiber*, Beweiswert, S. 26 ff.
Die Bindung an den Beweiswert der Erfahrungsgrundsätze erstreckt sich nicht auf die Voraussetzungen des zulässigen Gegenbeweises.

[5] *Hainmüller*, S. 36 und Teil B, VI—IX.

[6] Darunter versteht *Blomeyer* die Fälle, daß der Richter einen solchen Satz übersehen oder mißverstanden hat oder einen nicht existierenden Satz anwendet. Gutachten, S. 49.

II. Beweiswürdigung und Erfahrung

Sofern Erfahrungsgesetze bei der Beweiswürdigung eine Rolle spielen, begründete schon der Hinweis auf deren naturwissenschaftliche Erprobtheit ihre theoretische Legitimität in der Gerichtspraxis. Der mit ihrer Hilfe geführte Beweis erreicht die höchstmögliche Stufe der intersubjektiven Nachprüfbarkeit. Selbst wenn ihre Anwendung nicht zu einem Wahrheits-, sondern nur zu einem Wahrscheinlichkeitsurteil führt[7], mindert dies nicht ihre Brauchbarkeit, da auch noch das Wahrscheinlichkeitsurteil hinsichtlich seines Beweiswertes exakt ausdrückbar bleibt[8]. Allerdings können auch die Erfahrungsgesetze dem Richter die Entscheidung nicht abnehmen, wie groß die Wahrscheinlichkeit sein müsse, um seine volle Überzeugung von der Wahrheit zu begründen[9].

Sofern Erfahrungsgrundsätze beteiligt sind, hängt ihre theoretische Rechtfertigung davon ab, ob die daraus gewonnenen Wahrscheinlichkeitsurteile auf irgendeine Weise näher begründet werden können. Ausreichend wäre eine naturwissenschaftlich formulierbare Begründung des Wahrscheinlichkeitsurteils[10]. Nicht ausreichend wäre der allgemeine Rekurs auf die Lebenserfahrung[11], da in diesem Zusammenhang Lebenserfahrung das Objekt, nicht das Subjekt der Kritik ist. Erfahrungsgrundsätze wären zwar immer noch dadurch qualifiziert, daß sie eine höhere intersubjektive Geltung als einfache Erfahrungssätze beanspruchen könnten; aber ihre Intersubjektivität beruhte nicht wie bei Naturgesetzen auf einer operationellen Verifizierbarkeit, sondern allein auf der höchstrichterlichen Autorität.

Ein markantes Beispiel für die autoritativ erzwungene Intersubjektivität eines solchen Erfahrungsgrundsatzes bietet das Kriegsdienstverweigerungsverfahren: Seit dem Urteil des VII. Senats des Bundesverwaltungsgerichts vom 11. 5. 1962[12] galt die „tatsächliche Vermutung"[13], daß der allgemein glaubwürdige Kriegsdienstverweigerer auch im Falle seiner Gewissensbehauptung die Wahrheit sage[14]. Ein Verstoß gegen diese Vermutung konnte die Revision des Urteils begründen. Seit

---

[7] was bei allen Naturgesetzen wegen ihres induktiven Charakters der Fall ist, vgl. *Carnap*, Einführung in die Philosophie der Naturwissenschaft, S. 28 ff.; zur deduktiven Methode *Poppers*, vgl. unten, II 4 b.
[8] Vgl. dazu *Schreiber*, Beweiswert, S. 13 ff.
[9] *Schreiber*, a.a.O., S. 16, hält diese Entscheidung für eine Rechtsfrage, die von der Rechtsordnung beantwortet werden müsse.
[10] Auf die wichtige Rolle der Statistik weist *Hainmüller* hin. S. 29.
[11] Vgl. z. B. *Rosenberg-Schwab*, § 116 II.
[12] BVerwGE 14, 146 ff.
[13] Diesen Ausdruck verwendete der VIII. Senat zu der Zeit, als er noch an der Rechtsprechung des VII. Senats festhielt. Vgl. den unveröffentlichten Beschluß VIII B 237.67 vom 18. 6. 1968.
[14] BVerwGE 14, 146 ff. (150).

dem Urteil des VIII. Senats vom 31. 10. 1968[15] besteht dieser allgemeine Erfahrungssatz nicht mehr. Die allgemeine Glaubwürdigkeit ist zwar noch ein „wertvolles Beweisanzeichen", aber eine Verkennung dieses Beweisanzeichens führt nicht mehr zur Revisibilität des Urteils.

Entsprechend der höchstrichterlichen Rechtsprechung haben die Verwaltungsgerichte das Bestehen dieser tatsächlichen Vermutung sechs Jahre lang behauptet und seither geleugnet. Wollte man diese Praxis der erstinstanzlichen Gerichte allein aus ihrer Lebenserfahrung begründen — wozu nach der herrschenden Meinung über das Wesen der freien Beweiswürdigung aller Anlaß besteht —, käme man zu dem Schluß, es gehöre zur Lebenserfahrung der Unterrichter, dieselbe Lebenserfahrung wie die Oberrichter haben zu müssen.

Die Intersubjektivität der Erfahrungsgrundsätze, die allein auf der Lebenserfahrung beruhen, wird in letzter Konsequenz autoritativ erzwungen. Richterliche Erfahrung, die nach der Theorie in unbegrenzter Autonomie auftrat, erscheint hier in der neuen Dimension des Gehorsams.

Sofern einfache Erfahrungssätze bei der Beweiswürdigung eine Rolle spielen, wird eine theoretische Rechtfertigung der Erfahrung nicht einmal versucht. Gerade weil sie von der Revision nicht angefochten werden können, besteht nicht einmal ein Anlaß zu ihrer Erläuterung.

b) Erfahrung und Denkgesetze

Auf der Suche nach einer Kritik richterlicher Erfahrung stößt man auf den Satz, die richterliche Beweiswürdigung sei nicht in dem Sinne frei, daß sie gegen Denkgesetze verstoßen dürfe[16]. Die Gesetze der Logik gehörten ebenso wie die Lebenserfahrung zu den „immanenten Schranken"[17] der freien Beweiswürdigung. Werden auch meist Logik und Erfahrung nebeneinander als die Kontrollinstanzen der Beweiswürdigung genannt, so besteht doch Übereinstimmung darüber, daß die Logik als vorrangige Disziplin die Erfahrung zu kontrollieren habe. *Hainmüller* zählt allerdings die Denkgesetze zu den Erfahrungsgesetzen[18], eine Gleichstellung, welche die Prioritäten aber nur scheinbar verwischt: Da Erfahrungsgesetze ohnehin den höchstmöglichen Anspruch auf Beachtung erheben, können die Denkgesetze nicht noch darüber placiert werden. Außerdem steht bei den Erfahrungsgesetzen schon fest, daß sie nicht gegen die Logik verstoßen.

---
15 BVerwGE 30, 358 ff.
16 *Blomeyer*, Lehrbuch, § 104 III 3 c; *Bruns*, § 54 III 2 c.
17 *Rosenberg-Schwab*, § 144 I 3.
18 Anm. B 117 und 336.

II. Beweiswürdigung und Erfahrung

Eine Antwort auf die Frage, in welchem Umfange Denkgesetze oder Logik zu einer Erfahrungskritik imstande sind, hängt davon ab, was man unter Logik versteht. Bedeutet Logik nur formale Logik, so gilt nach wie vor die Bemerkung *Kants* zur Widerspruchsfreiheit, diese sei „die allgemeine, obzwar nur negative Bedingung aller unserer Urteile überhaupt ... Da wir es nun eigentlich nur mit dem synthetischen Teile unserer Erkenntnis zu tun haben, so werden wir zwar jederzeit bedacht sein, diesem unverletzlichen Grundsatz niemals zuwider zu handeln, von ihm aber, in Ansehung der Wahrheit von der gleichen Art der Erkenntnis, niemals einigen Aufschluß gewärtigen können"[19].

Bedeutet Logik dagegen transzendentale Logik im Sinne *Kants* oder Erkenntnislogik im Sinne *Poppers*, so ist diese Art der Logik zu einer theoretischen Erfahrungskritik auch über den Charakter einer negativen Wahrheitsbedingung hinaus imstande.

Das juristische Schrifttum läßt nicht ersehen, zu welcher Art der Logik es sich bekennt. Zwar wird die Logik oft in einem Atem mit einer umfassenden Rationalität genannt[20], aber diese Rationalität behindert offenbar nicht das gleichzeitige Bekenntnis zur Irrationalität „intuitiver" und „vorwissenschaftlicher" Erfahrung. Jedenfalls fehlt bisher im gesamten Schrifttum eine Kritik richterlicher Erfahrung auf der Basis einer irgendwie gearteten Forschungslogik.

4. Zur methodologischen Situation richterlicher Beweiswürdigung

a) Erfahrung und Intuition

Das Schrifttum weist mit Nachdruck auf jenen Teil der richterlichen Erfahrung hin, der sich einer näheren Beschreibung entziehe: Gefühl, Intuition, Irrationalität, kurz: vorwissenschaftliche Erfahrung[1] sollen die richterliche Beweiswürdigung zu einem wesentlichen Teil beherrschen — und beherrschen dürfen.

Alle Versuche, den emotionalen Teil der richterlichen Wahrheitsfindung zu rechtfertigen, bewegen sich in einem festen Rahmen, der dadurch definiert ist, daß einerseits die Wahrheit auf exakte, nicht emotionale Weise niemals oder nur in seltenen Ausnahmefällen gefunden werden könne, andererseits der Richter die Wahrheit im Regelfall trotzdem ermitteln müsse[2].

---
[19] Kr. d. r. V. A 150 f.
[20] Vgl. z. B. das *Endemann*-Zitat bei *Blomeyer*, Gutachten, S. 15; *Bruns*, S. 274.
[1] h. M., z. B. *Döhring*, S. 462—478.
[2] *Bohne*, S. 80; *Kuchinke*, S. 26 f.; *Bruns*, S. 273; *Döhring*, S. 445; *Schreiber*, Beweiswert, S. 5.

4. Zur methodologischen Situation richterlicher Beweiswürdigung

Der Entscheidungszwang, der dem Richter nach Art. 4 CC unter Strafandrohung auferlegt, jedes quid juris zu beantworten, gebietet also grundsätzlich gleichermaßen eine Antwort auf jedes quid facti. Zwar darf hier die Antwort auch „non liquet" lauten, aber diese Antwort muß prinzipiell auf Ausnahmefälle beschränkt bleiben. Beweislastregeln, nach denen sich der Prozeßausgang in diesen Ausnahmefällen bestimmt, richten sich nämlich nicht nur nach dem Aufbau gesetzlicher Bestimmungen als Regel- und Ausnahmenormen[3], sondern sie setzen auch ein Regelausnahmeverhältnis zwischen Erweislichkeit und Nichterweislichkeit der Wahrheit voraus. Die faktische Vermutung der Erweislichkeit der Wahrheit gibt der in Grund- und Ausnahmenorm enthaltenen rechtlichen Vermutung überhaupt erst einen Sinn: Die Beweislastregel will der belasteten Partei nur die Verantwortung für den prinzipiell möglichen, aber im Einzelfall mißlungenen Beweis auferlegen, nicht dagegen die Verantwortung für die Injustiabilität gesetzlich umschriebener Sachverhalte. Ein gerichtliches Verfahren, gleich welcher Art, das immer oder regelmäßig in non liquet endet, aber dennoch immer nach der Beweislast entschieden wird, vollstreckt nur das blinde Vorurteil eines Gesetzes, das die Rechtsfolge an einen Tatbestand knüpft, den niemand kennt und niemand kennen kann.

Die Entscheidungslücke, welche in den Fällen des non liquet klafft, darf sich also nicht beliebig ausdehnen, wenn das Zusammenspiel von Gesetz und Gesetzesanwendung nicht gefährdet werden soll.

Richterliche Emotionen sollen nun dabei helfen, die Entscheidungslücke möglichst schmal zu halten. Sie sollen das quid facti beantworten, wo Rationalität keine Antwort zu finden vermag.

An diesem Versuch, emotionale Wahrheitsfindung zu rechtfertigen, fällt besonders dessen Methode ins Auge. Wird Wahrheit als „historische", „reale" Wahrheit, als adaequatio cognitionis et rei verstanden[4], sollte man annehmen, daß jede Rechtfertigung einer bestimmten Art der Wahrheitsfindung an diesem Wahrheitsbegriff orientiert wäre, d. h. daß Wahrheitsfindung allein dann legitimiert werden könnte, wenn sie die adaequatio auch wirklich erreichte. Überraschenderweise ist das Argument aus dem Entscheidungszwang gänzlich anderer Art. Nach diesem Argument sind richterliche Emotionen nicht deshalb zur Wahrheitsfindung geeignet, weil die Richter auf emotionalem Wege besonders zielsicher ins Schwarze träfen, sondern deshalb, weil sie so überhaupt zu Wahrheitsurteilen gelangen, und Wahrheitsurteile auf jeden Fall erreicht werden müssen. Es wird also nicht auf die Qualität

---
[3] Vgl. z. B., *Rosenberg*, Beweislast, S. 99 f.; *Blomeyer*, Lehrbuch, S. 280; *Blomeyer*, Gutachten, S. 5.
[4] was wohl durchgängig der Fall ist, vgl. z. B. *Döhring*, S. 6; *Bruns*, S. 265.

der emotionalen Wahrheitsurteile, sondern allein auf ihre Quantität abgestellt.

Man könnte einwenden, dann sei nicht mehr gewährleistet, daß die rational erreichbare Qualität der Wahrheitsurteile auch in den Fällen der emotional gewonnenen Wahrheitsurteile erhalten bleibe; die Qualität sinke mit steigender Quantität, denn gerade der hohe Wahrheitswert rational begründeter Urteile verhindere, daß sich ihre Anzahl beliebig vergrößern lasse.

Darauf wird erwidert, einmal gehe es im Prozeß nicht um absolute, sondern um praktisch brauchbare Gewißheit, zum anderen sei das Evidenzgefühl des Richters ein sehr zuverlässiges Wahrheitskriterium, wie die Erfahrung lehre[5]. Einerseits also wird ein Rabatt auf den Wahrheitsbegriff gewährt, andererseits die richterliche Intuition im Sinne des alten Wahrheitsbegriffs aufgewertet.

Schien es bei dem normativen Argument — der Richter müsse unter allen Umständen zu einem Ergebnis kommen — noch so, als ob er die Frage quid facti ebenso gut durch das Los beantworten lassen könne, scheint das Evidenzargument diesen Einwand aufzufangen.

Beide Schritte dieses Arguments sind zu untersuchen.

aa) Von der absoluten zur „brauchbaren" Wahrheit

Die Formel des Reichsgerichts, der Richter dürfe und müsse sich „mit einem für das praktische Leben brauchbaren Grade von Gewißheit" begnügen, wird noch heute allgemein akzeptiert[6].

Daß richterliche Tatsachenurteile nicht auf absolutem Wissen beruhen können, rechtfertigt schon der Hinweis auf die allgemeine Unzulänglichkeit menschlicher Erkenntnis[7]. Das Eingeständnis dieser Unzulänglichkeit muß und darf die Rechtspflege aber nicht zum Stillstand bringen. Wird der Wahrheitsanspruch um ein Weniges herabgesetzt, so ist schnell die Stufe erreicht, auf der menschliche Tatsachenurteile nun dem neuen Wahrheitsbegriff genügen[8]. An die Stelle des absoluten ist ein relativer Wahrheitsbegriff getreten.

---

[5] Eingehend dazu besonders *Döhring*, S. 462 ff.; *Bohne*, S. 38 ff.; vgl. auch *Bruns*, S. 273; kritisch *Schreiber*, Beweiswert, S. 4 ff.

[6] z. B. *Stein-Jonas*, § 286 I 1 mit Nachw. in Anm. 2 und 3.

[7] z. B. *Stein-Jonas*, a.a.O.

[8] „Für den Nachweis von Umständen, die den Beschuldigten belasten, ist ein so strenger Maßstab anzulegen, wie er sich mit der Rechtspflegeaufgabe der Gerichte gerade noch vereinbaren läßt" (*Döhring*, S. 450).
Aus der Verschiedenheit der Rechtspflegeaufgaben wird die Verschiedenheit der Wahrheitsansprüche in Zivil- und Strafprozeß hergeleitet. (*Döhring*, S. 450 ff.; *Kuchinke*, S. 36).

4. Zur methodologischen Situation richterlicher Beweiswürdigung 31

Damit ist Jurisprudenz noch keineswegs auf die abschüssige Bahn geraten. Schließlich leiden auch Philosophie und Naturwissenschaften unter dem vornehmen Makel, absolutes Wissen nicht erreichen zu können, und kein Philosoph hat deswegen aufgehört, Bücher zu schreiben, kein Arzt aufgehört zu praktizieren. Auch die Naturwissenschaften müssen ihren Wahrheitsanspruch bis auf die Stufe senken, an dem die praktische Brauchbarkeit, d. h. die experimentelle Bestätigung und das Funktionieren der Technik, beginnt.

Daß der Begriff der „brauchbaren" Wahrheit eine normative Herkunft hat[9], braucht nicht zu beunruhigen, solange nicht nur das tägliche Leben, sondern auch die exakten Wissenschaften ihren Wahrheitsbegriff konventionalistisch begründen müssen[10].

Allerdings sind die empirischen Wissenschaften bemüht, die Verfahren zu „objektivieren", mit deren Hilfe Tatsachenbehauptungen verifiziert bzw. falsifiziert werden können. Aber daran hat auch Jurisprudenz gedacht: Der Begriff der „brauchbaren" Wahrheit darf nicht von Mensch zu Mensch, von Richter zu Richter verschieden interpretiert werden. Auch die Unwissenden, die Leichtgläubigen, die Leichtfertigen[11] verfügen über Wahrheiten, deren Gebrauch sie gerade negativ charakterisiert. Nicht sie, sondern die Besonnenen, die Unvoreingenommenen, die Vernünftigen, die Gewissenhaften, die Vorsichtigen und die Kritischen, kurz: die Lebenserfahrenen sollen den Maßstab setzen. Nach herrschender Lehre gewährleistet der von diesen Idealpersonen gesetzte Maßstab die nötige „Objektivität"[12] der Wahrheitsfindung. Auf diese

---

[9] Die Normativität geht im Falle *Döhrings* so weit, daß sie auch vor der Aporie nicht haltmacht. Gegen erkenntnistheoretische Bedenken immunisiert sich *Döhring* mit folgendem Satz: „Die Ermittlung des Sachverhalts im Prozeß hat — darüber sollte es eigentlich keine Meinungsverschiedenheiten geben — in jedem Fall davon auszugehen, daß es grundsätzlich möglich ist, die Wahrheit zu erfassen" (S. 6). Wahrheit ist bei *Döhring* nur die *eine* Wahrheit, die es allein gibt (S. 477). Weil der Richter sie finden muß, wird er sie auch finden. Aber durch einen normativen Akt lassen sich zwar Tiere in Sachen, nicht dagegen richterliche in absolute Kenntnisse verwandeln.

Würde z. B. die DDR eines Tages die Erlaubnis zum Kirchenbesuch davon abhängig machen, daß der Gläubige zuvor gegenüber einem staatlichen, selbstverständlich atheistisch gesonnenen Gericht den Gottesbeweis erbringt, könnte *Döhring* gegen ein solches Verfahren keine theoretischen Einwände vorbringen. Seine Aporie lautet: Der normative Wahrheitsbegriff darf aus normativen Gründen nicht für normativ gehalten werden.

[10] Vgl. unten II 4 b.
[11] Beispiele bei *Bruns*, S. 273.
[12] *Blomeyer*, Gutachten, S. 15 f.; *Tietgen*, Gutachten, S. 80; *Kuchinke*, S. 35 f.; *Döhring*, S. 445 ff., jeweils mit zahlreichen Rechtsprechungsnachweisen. Die so erreichte „Objektivität" wird allerdings unterschiedlich bewertet. Die Bewertungen variieren zwischen selbstsicherer Affirmation (*Döhring*) und leichter Skepsis (*Kuchinke*).

Objektivität stelle § 286 Abs. 1 ZPO — stillschweigend — ab, nicht dagegen auf jede innere Überzeugung des Richters[13].

An dieser Definition von Objektivität fällt methodisch auf, daß die Idealperson einen persönlichen, nicht dagegen einen sachlichen Kredit erhält. Die Wahrheitsgarantie ist mehr charakterologischer als operationeller Natur. Wer ist es nun, der der Idealperson die guten Zensuren erteilt? Er verfügt offenbar über die obersten sachlichen Metamaßstäbe, mit deren Hilfe er das Bild des idealen Richters zeichnen kann. Diese Frage findet im Schrifttum keine Antwort. Die Frage scheint aber auch falsch gestellt zu sein, denn jeder Versuch einer Antwort führt in einen unendlichen Regreß: Der Zensor ist ebenso eine gedachte Größe wie der ideale Richter. Nach ihm zu fragen, fordert nur die weitere Frage heraus, wer *ihn* denn wiederum auswähle.

Die Frage ist deshalb anders zu stellen: Wie kann es ein (nicht idealer) Richter fertigbringen, die objektiven Maßstäbe des idealen Richters seiner konkreten Entscheidung zugrunde zu legen? Die Antwort ist ernüchternd, denn es bleibt dem Richter selbst überlassen, den „einsichtigen und mit den Verhältnissen vertrauten Mann" und dessen Gedanken zu ermitteln. Die Idealperson kann aber nicht vernünftiger und erfahrener sein als die Person, der dieses Ideal vorschwebt. Das Wahrheitskriterium kehrt zum Richter selbst zurück. Die Orientierung am idealen Richter bedeutet nichts anderes, als sich selbst für diesen zu halten. Die behauptete Objektivität stellt sich als — nur falsch interpretierte — Subjektivität heraus.

bb) *Das Evidenzgefühl als Wahrheitskriterium*

Was man auch zur Rechtfertigung des Evidenzgefühls als eines Wahrheitskriteriums anführen mag[14], übrig bleibt der völlige Mangel an intersubjektiver Nachprüfbarkeit. „Das Evidenzkriterium läßt einen Vergleich unterschiedlicher Ergebnisse nicht zu[15]." Demgegenüber hat sogar die Wahrheitsfindung durch das Los den methodischen Vorzug, daß man über die so erreichte Wahrheit gewisse intersubjektiv gültige Aussagen treffen und deshalb Einigkeit über die Untauglichkeit des Losens zur Wahrheitssuche erzielen kann.

Wer das Evidenzgefühl als Wahrheitskriterium verteidigt, versucht daher auch gar nicht, auf intersubjektiver Ebene die Bedingungen zu beschreiben, unter denen das Evidenzgefühl sich einstellt. Dieser Ver-

---

[13] *Blomeyer,* a.a.O.
[14] Vgl. oben Anm. 5 dieses Abschnitts.
[15] *Schreiber,* Beweiswert, S. 6; eingehend: *Popper,* Logik der Forschung, S. 17 ff.

4. Zur methodologischen Situation richterlicher Beweiswürdigung

such wäre vom Ansatz her verfehlt, denn allein die Diskutierbarkeit der Bedingungen überführte das Wahrheitskriterium in das Reich nicht-emotionaler Rationalität. So gehört die Forderung, das Evidenzgefühl müsse durch „verläßliche Anhaltspunkte", durch „solide Beweisunterlagen"[16] beglaubigt sein, also z. B. durch die Widerspruchsfreiheit einer emotional für wahr gehaltenen Zeugenaussage, in den rationalen Bereich. Das rationale nihil obstat ist notwendige, aber nicht hinreichende Bedingung für das Evidenzgefühl. Das Evidenzgefühl selbst entzieht sich der Diskussion, da es „auf irrationaler Grundlage beruht"[17]. Es stellt sich ein als „innere Stimme" „aus der Tiefe der Persönlichkeit"[18], wohin nur noch eine phänomenologisch verfahrende Psychologie reicht[19].

Das Evidenzgefühl soll zwar keiner Fremdkontrolle, wohl aber der Eigenkontrolle unterliegen. Mit einem Akt der Selbstreinigung vermag sich nach Ansicht von Döhring[20] der Richter auf seine Tätigkeit vorzubereiten. Selbstreinigung heißt vor allem Selbstbefreiung von Ideologie[21]. Da es nur *eine* Wahrheit gibt, darf die Wahrheitsfindung im Gegensatz zur Rechtsfindung nicht ideologisch sein[22].

Gegen *Döhrings* Theorie der Selbstreinigung ist einzuwenden:

1. Ideologiekritik ist keine emotionale, sondern eine durch und durch rationale Disziplin[23]. Sie dient auch nicht der Rechtfertigung, sondern dem Abbau von Emotionen. Gesucht wird aber eine Theorie, die Emotionen rechtfertigt. Döhring plädiert in Wahrheit für die Vergrößerung

---

[16] *Döhring*, S. 465.
[17] *Döhring*, S. 474: „Doch gehören auch irrationale Regungen immerhin zum Bereich des Erfahrbaren." Mit diesem Satz legitimiert *Döhring* Irrationalität als Moment der Beweiswürdigung. Im Zusammenhang mit dem Begründungszwang stellt sich die Unbegründbarkeit dieser Regungen heraus: „Man sollte stets bedenken, wie schwer es manchmal fällt, auch für beachtliche irrationale Bedenken eine halbwegs einleuchtende Begründung zu geben. Dem Beurteiler geht es, wenn er seine Zweifel näher umschreiben will, mitunter ähnlich wie manchem Kranken, der seine Schmerzen deutlich fühlt, ohne sie genau lokalisieren zu können. Dies sollte für das Revisionsgericht Anlaß genug sein, in weiterem Umfang auch verstandesgemäß nicht näher begründbare Zweifel gelten zu lassen" (S. 476).
[18] *Döhring*, S. 463 ff.
[19] Auf dieser Ebene argumentiert *Bohne*. Gegen die psychologische Betrachtungsweise: *Popper*, a.a.O.
[20] a.a.O., S. 474 f.
[21] a.a.O., S. 475; S. 477.
[22] a.a.O., S. 477. *Döhring* wendet sich damit gegen eine sowjetische Beweistheorie. Dagegen werde Ideologiekritik weniger nötig sein, „wenn in den öffentlichen Verhältnissen seines (des Richters) Landes alles darauf angelegt ist, die Tatsachenfeststellung gegen tendentiöse Einwirkungen abzuschirmen" (S. 475).
[23] Eine Übersicht bietet der Sammelband: *Kurt Lenk* (Hrsg.), Ideologie, 3. Aufl., 1967.

des rationalen und die Verringerung des irrationalen Anteils an der Beweiswürdigung. Insofern ist ihm zuzustimmen, nur geht es ihm gerade um die Rechtfertigung der richterlichen Überzeugung als seelischer Gesamtleistung[24].

2. Auf emotionalem Gebiet kann es keine Selbstreinigung geben, da das Gefühl nicht die transzendentale Fähigkeit besitzt, sich selbst zum Gegenstand zu werden.

3. Selbst auf rationalem Gebiet, wo Selbstreflektion möglich ist, bleibt die Theorie der Selbstreinigung verfehlt. Wahrheitssuche kann nicht so konditioniert werden, daß man sich vorher zur Wahrhaftigkeit „läutert"[25], denn schon der Weg zur Wahrhaftigkeit setzt eine Teilhabe an der Wahrheit voraus, die doch erst später gesucht werden soll. „Man soll das Erkenntnisvermögen erkennen, ehe man erkennt; es ist dasselbe wie mit dem Schwimmenwollen, ehe man ins Wasser geht. Die Untersuchung des Erkenntnisvermögens ist selbst erkennend, kann nicht zu dem kommen, zu was es kommen will, weil es selbst dies ist[26]."

Die Diskussion über die emotionalen Leistungen des Richters bei der Beweiswürdigung nahm ihren Ausgang von dem normativen Argument, der Richter müsse die Wahrheit grundsätzlich in allen Fällen finden, während andererseits über rational begründbare Wahrheitsurteile der numerus clausus verhängt sei. Beugt man sich diesem Argument, so hat dies zur Folge, daß sowohl der Wahrheitsbegriff als auch die Wahrheitssuche jeder intersubjektiven Kontrolle entgleiten und in das alleinige Ressort des auf seine Subjektivität angewiesenen Richters übergehen[27]. Subjektivität ist aber „nicht der Stolz, wie vielfach ge-

---

[24] a.a.O., S. 462.
[25] *Döhring*, S. 474.
[26] *Hegel*, Vorlesungen über die Geschichte der Philosophie, Bd. III, Ed. Glockner, Bd. XIX, S. 555 f. Vgl. *Albert*, Traktat, S. 21 f., der die Selbstreinigungstheorie in der Geschichte der Philosophie allgemein kritisiert.
[27] *Schreiber*, Beweiswert, versucht deshalb konsequent, den rationalen Anteil in beiden Stadien der Beweiswürdigung zu vergrößern. Er schlägt ein quantifizierendes Verfahren vor, das insbesondere bei der Zusammensetzung eines Gesamturteils aus vielen quantifizierten Einzelurteilen mathematische Genauigkeit erreicht. Dies würde ermöglichen, auch die Anforderungen, die an Beweisergebnisse zu stellen sind, intersubjektiv zu vereinheitlichen. Ungelöst bleibt m. E. dann nur noch der erste Schritt, die erste Umsetzung eines qualitativen Urteils in eine quantitative Aussage. Das eine große Problem ist lediglich in viele Einzelprobleme aufgegliedert, die, jedes für sich, nicht minder schwierig zu lösen sind. Er übersieht auch, daß nicht nur der Richter, sondern auch das Beweismittel, z. B. der Zeuge, die Regeln der Quantifizierung beherrschen kann. Geht z. B. der Richter davon aus, daß der Wahrheitsgehalt der Aussage in nachprüfbaren und in nicht-nachprüfbaren Einzelfällen konstant bleibe (Beweiswert, S. 19), so würde der Zeuge, der die Nicht-Nachprüfbarkeit einer Einzelaussage kennt oder vermutet, gerade dort durch eine gezielte Lüge besonders viel erreichen, während er im übrigen für seine

4. Zur methodologischen Situation richterlicher Beweiswürdigung

meint wird, sondern die Schwäche des Richtertums"[28]. In ihr sind der Wahrheitsbegriff (als Metamaßstab) und der Akt der konkreten Wahrheitsfindung (als Maßstab) untrennbar miteinander verschmolzen und aufeinander bezogen. Es wird immer gleichzeitig entschieden, mit welcher Wahrscheinlichkeit ein bestimmter Sachverhalt vorliege und ob diese Wahrscheinlichkeit in diesem konkreten Fall „praktische" Gewißheit begründen könne. Dabei werden der erreichte und der zu erreichende Grad der Wahrscheinlichkeit niemals quantitativ oder in anderer nachprüfbarer Weise erläutert, sondern in einem einheitlichen Gefühl erlebt und bewertet. Niemand, auch der Richter selbst nicht, kann verhüten, daß „brauchbare" Wahrheit eben die ist, die konkret erreichbar war.

Die prozeßrechtliche Diskussion über die Beweiswürdigung setzt einen Begriff von Erfahrung voraus, der selbst weitgehend undiskutiert bleibt. Die Diskussion unterbleibt einmal, weil man Erfahrung trotz der richterlichen Darlegungspflicht aus § 286 Abs. 1 Satz 2 ZPO für weitgehend undiskutierbar hält. In diesem Zusammenhang wird auf den intuitiven und irrationalen Einschlag der Beweiswürdigung hingewiesen. Zum andern unterbleibt die Diskussion, weil der Richter schon von Berufs wegen an der Lebenserfahrung teil hat und aus diesem Grunde Erfahrung als selbstverständliche menschliche Kommunikations- und Erkenntnisgrundlage nicht diskutiert zu werden braucht. Dieser Grundlage ist der Richter so gewiß, daß es ausreicht, wenn die Prozeßrechtslehre die Beweiswürdigung darauf verankert[29].

Glaubwürdigkeit durch eine Fülle nachprüfbarer aber bangloser Einzelaussagen sorgen könnte.
Das Problem der Intentionalität von Sprache und Handeln hat sich bisher erfolgreich einer angemessenen Quantifizierung entzogen. Damit ist allerdings nur etwas gegen *Schreibers* Optimismus, nichts dagegen gegen die Notwendigkeit gesagt, in seinem Sinne zu verfahren. Sein Verfahren bringt wenigstens Licht in das Dunkel der Beweiswürdigung und die anstehenden Probleme sind mit Hilfe seiner Theorie überhaupt erst formulierbar.

[28] *Bruns*, S. 274.
[29] *Bockelmann*, GA 55, 321 ff. (329 f.) hält die Beurteilung der Glaubwürdigkeit für ein Werturteil (!) mit einem „unübersehbaren subjektiven, emotionalen Einschlag", das sich deshalb einer kritischen Beurteilung im wesentlichen entziehe. Es gehöre „zum eigentlichsten Wirkungsbereich des Richters selbst". Es stelle eine Aufgabe, „die zu lösen seines Amtes ist ... Ihm hier die Kompetenz bestreiten, heißt seine berufliche Existenz in Frage stellen. Man kann Richter sein, ohne etwas von Hochfrequenztechnik zu verstehen. Nicht aber kann Richter sein, wem irgend Menschliches fremd ist. Die Menschenkunde, deren das Gericht bedarf, um seines Amtes zu walten, kann ebenso wie die nötige Rechtskunde nur in Ausnahmefällen ein Geheimes sein, das erst durch einen Akt der Beweisaufnahme in den Prozeß eingeführt wird". Ähnlich *Panhuysen*, S. 110/111. (Die zitierten Stellen befassen sich mit dem Problem des psychologischen Sachverständigen im Prozeß.)

II. Beweiswürdigung und Erfahrung

b) Richterliche Beweiswürdigung und die sozialwissenschaftliche Methodologie

Eine Theorie des Gewissensbeweises muß aus zwei Gründen bei dem Begriff der Erfahrung ansetzen. Einmal verweist die Rechtstheorie auf ihn als Zentralbegriff der Beweiswürdigung, zum anderen konzentriert sich die Forschungslogik der Sozialwissenschaften auf die Regeln, nach denen wissenschaftliche Erfahrung gesammelt werden kann. Die richterliche Tatsachenfeststellung teilt mit den Sozialwissenschaften dieses Problem, was sich am besten daran zeigt, daß *Popper* das Problem sozialwissenschaftlicher Tatsachenfeststellung am Muster des Schwurgerichts demonstriert[30].

Die Ausdehnung des sozialwissenschaftlichen Erfahrungsproblems wird von *Hegels* „Wissenschaft der Erfahrung" auf der einen Seite[31] und der positivistischen „Erfahrungswissenschaft" auf der anderen Seite bestimmt[32]. Zwischen diesen Begrenzungen ist genügend freier Raum gelassen für einen „weithin uferlos und unkontrollierbar gewordenen Gebrauch"[33] des Begriffs Erfahrung.

Angesichts des babylonischen Sprachgebrauchs des Begriffs Erfahrung reicht es nicht aus, wenn gesagt wird, richterliche Beweiswürdigung habe sich an der Erfahrung, noch dazu im weitesten Sinn, zu orientieren. Solange nicht auf methodologischer Ebene geklärt wird, wie Sachverhalte in Erfahrung gebracht werden können, versagt der globale Hinweis auf Erfahrung in doppelter Weise: Einmal wird dem Richter jede theoretische Hilfe verweigert, zum anderen wird ihm eine Blankovollmacht erteilt.

So notwendig eine Erfahrungskritik für die richterliche Tatsachenfeststellung ist, so schwierig bleibt ihre Durchführung. Philosophie und Sozialwissenschaften haben bisher „einige Schneisen in das Dickicht"[34] geschlagen, aber sie sind es noch schuldig geblieben, eine gesicherte und geschlossene Methodologie der Tatsachenforschung aufzustellen, die von den Juristen insgesamt übernommen werden könnte. Im Gegenteil zeigt die sozialwissenschaftliche Diskussion, daß die Probleme bei näherem

---

[30] Logik der Forschung, S. 74. *Poppers* Beispiel wäre nur dann der von ihm intendierten Analogie nicht fähig, wenn man annimmt, daß die Regeln, nach denen das Gericht einen Sachverhalt aufklärt, keine „Prämie auf Information, sondern eine Prämie auf Gesetzlichkeit" enthalten und die Wahrheitsregeln des Gerichts andere seien „als nur jene, die für die Ermittlung empirischer Daten verbindlich sind". (*Wellmer*, S. 145 ff.) Es wird später noch zu zeigen sein, daß Wellmers Deutung jedenfalls dem Selbstverständnis richterlicher Sachverhaltserforschung widerspricht.

[31] Phänomenologie des Geistes, S. 38.

[32] Übersicht bei *Stegmüller*, Hauptströmungen, S. 351 ff.

[33] *Kambartel*, S. 11.

[34] *Kambartel*, S. 11.

4. Zur methodologischen Situation richterlicher Beweiswürdigung

Hinsehen immer schwieriger werden. Die Wahrheitsansprüche mußten gesenkt werden. Auf dem Wege von *Mach* zu *Popper* ist der Empirismus bescheidener geworden, ebenso aber auch die Hermeneutik von *Dilthey* zu *Habermas*.

Popper hat die empirische Basis der Wissenschaft mit einem Sumpfland verglichen, in das die Theorie Pfeiler treibt, um ihre Gebäude darauf zu errichten. Der Sumpf ist bodenlos: „Denn nicht deshalb hört man auf, die Pfeiler tiefer hineinzutreiben, weil man auf eine feste Schicht gestoßen ist: wenn man hofft, daß sie das Gebäude tragen werden, beschließt man, sich vorläufig mit der Festigkeit der Pfeiler zu begnügen[35]."

Von dieser Bescheidenheit ist der juristische Tatsachenforscher Döhring weit entfernt: „Der Prozeß ist auf die Erlangung der ganzen Wahrheit abgestellt[36]." Es handelt sich hier freilich um eine Selbstsicherheit, welche die Bescheidenheit noch vor sich, nicht aber schon hinter sich hat.

Ist die empirische Basis aller Wissenschaft auch noch im Streit, so kann sich die Rechtstheorie vor dem Problem doch nicht dadurch retten, daß sie es gar nicht erst zur Kenntnis nimmt.

Einige gute Gründe sprechen dafür, daß sich die Rechtstheorie — kümmerte sie sich eines Tages um das Empirie-Problem — auf die Seite des Positivismus, genauer: auf die Seite des kritischen Rationalismus[37], schlagen müßte.

aa) Ablehnung der dialektischen Erfahrungskritik

Das richterliche Erkenntnisinteresse an der Tatsachenforschung ist normativ definiert und eng umgrenzt. Das staatsrechtliche Prinzip der Gewaltenteilung bringt wohl oder übel eine sozialwissenschaftliche Arbeitsteilung mit sich: Die Richter entscheiden, wann ein Sachverhalt als erwiesen anzusehen ist; der Gesetzgeber entscheidet, welche Sachverhalte der richterlichen Prüfung unterzogen werden sollen. Überdies ist die richterliche Arbeit selbst noch geteilt: Der Richter muß die Fragen quid juris und quid facti getrennt voneinander beantworten.

Das Interesse des Richters an den Tatsachen ist das der „technischen", „instrumentalen" Verfügung. Das Bezugssystem, innerhalb dessen er

---

[35] a.a.O., S. 76.
[36] a.a.O., S. 6.
[37] *Popper* und *Albert* verstehen sich allerdings nicht als Positivisten (Logik der Forschung, S. 60 ff.). Vgl. aber den von *Wellmer* (passim) geführten Gegenbeweis.

erfahrungswissenschaftliche Aussagen treffen kann, legt den Sinn dieser Aussagen ebenso fest, wie es selbst festgelegt ist[38].

Für die richterliche Tatsachenforschung kann es die Alternative des „emanzipatorischen Erkenntnisinteresses" nicht geben. Der Richter kann nur unter technischen Erkenntnissen wählen, solchen wissenschaftlichen und solchen unwissenschaftlichen Charakters. Der Richter kann aus beruflichen Gründen nur an einer Methodologie, nicht dagegen an einer „Totaltheorie" interessiert sein.

Die dialektischen Einwände gegen den Positivismus stehen insofern in der Nachfolge Hegels, als allein der Selbstreflexion die Fähigkeit zugeschrieben wird, dem Zwang gesellschaftlich reglementierter Erfahrung zu entrinnen[39]. Demgegenüber würde sich die Rechtstheorie auf ihr methodologisches Interesse an einem Wissen berufen, „das sich nicht mehr auf sich selbst, sondern auf etwas anderes bezieht"[40].

Schließlich wäre die Rechtstheorie nur an einer Methodologie interessiert, welche die richterliche Tatsachenforschung als Teil einer Herrschaftsausübung legitimiert, dagegen nicht an einer Methodologie, welche ihre einzige Rechtfertigung in ihrer Fähigkeit zur Herrschaftskritik erblickt.

bb) Juristische Einwände gegen den Kritizismus

Schwerer als die Ablehnung einer dialektischen Methodologie müßte der Rechtstheorie die Kritik des „forschen Vertrauens der Neopositivisten auf die Welt der Fakten"[41] fallen. Das Vertrauen des Neopositivismus besteht darin, daß es grundsätzlich möglich sei, alle Begriffe auf das unmittelbar Gegebene zurückzuführen[42]. Eine objektive Erfahrungswissenschaft ließe sich danach allein aus der Summe der die elementare Wahrnehmung jeweils protokollierenden Sätze im Verein mit einer formalen Logik konstituieren.

---

[38] Vgl. *Habermas*, Technik und Wissenschaft, S. 155 ff.; ausführlich: *Habermas*, Logik der Sozialwissenschaften.
[39] *Habermas*, Technik und Wissenschaft, S. 158 ff.
[40] *Jonas*, Logik der Sozialwissenschaften, S. 334. *Jonas* hat den Weg von der idealistischen Wahrheitserfahrung der Selbstreflexion zur pragmatischen Fremdreflexion bei *Popper* prägnant beschrieben: „Wenn sich das Wissen aber nicht auf die Gewißheit bezieht, die es von sich selbst hat, wenn es nur auf Sachen geht, die außerhalb seiner sind, dann bezieht sich die Gültigkeit seiner Sätze nicht mehr auf die Wahrheit, die es als Gewißheit seiner selbst hat, sondern auf die Bewährung seiner Sätze vor äußeren Sachverhalten," a.a.O., S. 333.
[41] *Jonas*, a.a.O., S. 334.
[42] z. B. *Carnap*, Logischer Aufbau, Vorwort zur 2. Aufl., IX ff.; Übersicht bei *Stegmüller*, Hauptströmungen, S. 348 ff.

4. Zur methodologischen Situation richterlicher Beweiswürdigung 39

Engischs Realitätsdefinition mit Hilfe der Wahrnehmung teilt dieses Vertrauen[43]. Der normative Rahmen, innerhalb dessen richterliche Tatsachenfeststellung stattfindet, scheint den Richter zum Vertrauen in seine Wahrnehmung geradezu zu beauftragen. In der Tat wird dieser Rahmen durchgängig als Argument dafür benutzt, die richterliche Zuversicht gegen alle Zweifel abzuschirmen. Das Gesetz hat den Richter zur Tatsachenforschung und vor allem zur Erzielung konkreter Ergebnisse verpflichtet. Worin soll noch der Sinn eines Kritizismus liegen, der eigentlich nichts anderes vorhat, als die Evidenz der Ergebnisse anzufeinden?

Ferner müßte die Rechtstheorie gegen den Kritizismus noch ein weiteres, ebenso gewichtiges Argument anführen. Der Kritizismus bestreitet die Möglichkeit der Verifikation von Protokollsätzen durch Erfahrung. „Wir können keinen wissenschaftlichen Satz aussprechen, der nicht über das, was wir ‚auf Grund unmittelbarer Erlebnisse' sicher wissen können, weit hinausgeht (‚Transzendenz der Darstellung')[44]." Jeder Protokollsatz transzendiert die ihn verifizierende Erfahrung schon insofern, als er nur mit Hilfe von sprachlichen „Universalien" formuliert werden kann, die selbst keiner Verifikation fähig sind. „Der Satz: ‚Hier steht ein Glas Wasser' kann durch keine Erlebnisse verifiziert werden, weil die auftretenden Universalien (z. B. Glas, Wasser) nicht bestimmten Erlebnissen zugeordnet werden können[45]." Das Wort „Glas" kann aus keinem Wahrnehmungserlebnis, auch nicht aus einer Klasse von solchen Erlebnissen begründet werden, da es die Annahme einer bestimmten Gesetzmäßigkeit enthält, die jede Erfahrung schon transzendiert. Poppers Gegensatz zu einem rigiden Positivismus besteht in seiner Auffassung, „daß die Entscheidungen über die Basissätze nicht durch unsere Erlebnisse ‚begründet' werden, sondern, logisch betrachtet, *willkürliche Festsetzungen* sind"[46]. Der Gegenstand der Erfahrung ist konventionalistisch vorinterpretiert[47].

---

[43] Vgl. oben II 2 a.
[44] *Popper*, Logik der Forschung, S. 61.
[45] *Popper*, a.a.O. (Parenthese von mir).
[46] Logik der Forschung, S. 74.
[47] Mit dieser Diagnose ist der Kritizismus *Poppers* nicht weit von der Ausgangslage einer marxistischen Erkenntnistheorie entfernt: „Die Objekte, die den Sinnen gegenüberstehen, von denen sie wahrgenommen werden, sind Produkte einer spezifischen Zivilisationsstufe und Gesellschaft; und die Sinne wiederum sind auf ihre Produkte hingeordnet. Die historische Wechselbeziehung beeinflußt selbst die primären Sinneseindrücke: allen ihren Mitgliedern erlegt eine etablierte Gesellschaft dasselbe Medium der Wahrnehmung auf; und durch alle Unterschiede individueller und klassenmäßiger Perspektiven, Horizonte und Hintergründe hindurch liefert die Gesellschaft dieselbe allgemeine Erfahrungswelt." H. *Marcuse*, Versuch über die Befreiung, S. 60 f. Die Präformation der Erfahrungswelt leistet nicht der Kantische

II. Beweiswürdigung und Erfahrung

Ähnlich, wie es aus dem hermeneutischen Zirkel keinen Ausweg gibt, muß sich die kritizistische Theorie auf einen konventionalistischen Zirkel einlassen.

Die konventionalistische Wendung müßte allen Objektivitätsanspruch der Theorie zu einem absurden Ende bringen, wenn nicht die moralische[48] Entscheidung des Forschers der Konvention Regeln abforderte, nach denen entschieden werden kann, wann ein theoretisches Ergebnis als (relativ) falsch ausgeschieden werden muß. Nur so ist ein Fortschritt der Wissenschaft zu erzielen. Da es Verifikation nicht geben kann, bleibt nur die Hoffnung auf relative Falsifikation. Der Fortschritt des Wissens erfordert, daß das Wissen, welches wir gegenwärtig haben, widerlegbar ist. Das theoretische Interesse des Kritizismus ist das Interesse an der Falsifikation[49], da nur so wissenschaftlicher Fortschritt zu erreichen ist.

Die Rechtstheorie müßte einwenden, was die Rechtspraxis schon längst begriffen hat: daß der Richter ein Interesse an der Falsifikation überhaupt nicht haben darf. Überträgt man das kritizistische Modell in die Situation des Richters, so ergibt sich der konventionalistische Rahmen jeder empirischen Basis schon dadurch, daß die Rechtsordnung den Richter verpflichtet, grundsätzlich bei allen gesetzlich gestellten Beweisfragen zu Wahrnehmungserlebnissen zu gelangen. Das dezisionistische Interesse Poppers am „sicheren Gang einer Wissenschaft"[50] ist durch das ebenso dezisionistische Interesse des Gesetzgebers am praktischen Vollzug seiner grundsätzlichen Entscheidungen substituiert. Dem moralischen Interesse am Wissensfortschritt korrespondiert das ebenso moralische Interesse an der Rechtssicherheit, die trotz aller Mängel der empirischen Basis nun einmal garantiert wird.

Popper mußte die Hoffnung auf eine Sachlogik der Forschung begraben und statt dessen eine Gesellschaftslogik der Forschung aufstellen. Wenn sich nun die Hoffnung auf eine Sachlogik als illusionär herausgestellt hat, warum sollten die Juristen ausgerechnet die Logik der sozialwissenschaftlichen Gesellschaft rezipieren, wo sie über eine eigene Logik gesellschaftlicher Art schon seit eh und je verfügen?

Die Rechtsordnung gibt dem Richter folgerichtig niemals die Chance einer Falsifikation seiner Feststellungen. Sein Spruch ist endgültig, abgesehen von den Ausnahmefällen der Rechtsmittelverfahren, in denen er aber selbst bei Zurückverweisung der Sache niemals mehr beteiligt

---

Schematismus, sondern die Industrie, und zwar „als ersten Dienst am Kunden", *Horkheimer* und *Adorno*, Dialektik der Aufklärung, S. 149.

[48] *Albert*, Ethik, S. 62.

[49] Eine sehr gute knappe Darstellung des Popperschen Ansatzes gibt *Jonas*, a.a.O.

[50] *Kant*, Kr. d. r. V., B VII ff.

sein wird. Die Rechtsordnung sieht seine Beteiligung am Falsifikationsprozeß nicht mehr vor.

Der Kritizismus ist am Fortgang der Erkenntnis, die Richterschaft am Abschluß derselben interessiert.

cc) Kritik dieser Einwände

Obwohl die apologetischen Gründe dafür, alles beim alten zu lassen, erdrückend genug sind, darf diese Apologie nicht das letzte Wort behalten. Ihr liegt die Annahme voraus, die Konvention richterlicher Tatsachenforscher könne und müsse sich aus der Konvention der Sozialwissenschaftler aussondern. So einleuchtend die Gründe für diese innere Emigration sein mögen und so unstreitig es ist, daß juristische Tatsachenforschung in der Tat den Exodus längst vollzogen hat[51], so untragbar ist dieser Zustand — von ihren eigenen Voraussetzungen und ihrem Selbstverständnis her.

Zunächst sei daran erinnert, daß sich die Konventionen ohnehin in Teilbereichen überschneiden. In diesen Teilbereichen ist die Intersubjektivität der Forschungslogik ungebrochen. Kein Richter würde ein erbbiologisches Gutachten durch eine Wahrsagerin erstatten lassen. Soweit Erfahrungsgesetze und Denkgesetze zur Diskussion stehen, hat sich die Jurisprudenz dem naturwissenschaftlichen und philosophischen Intersubjektivitäts-Apparat ohne Vorbehalte einverleiben lassen, allerdings jeweils mit einem gehörigen *cultural lag*[52].

Nun wäre es sicher zu einfach, wollte man alle Abweichungen der juristischen Konvention gegenüber den Konventionen der jeweiligen Erfahrungswissenschaft nur mit dem *cultural lag* erklären. Diese Erklärung träfe zwar den zeitlichen, nicht aber den systematischen Abstand, der zwischen den Forschungsdisziplinen liegt. Dem juristischen *lag* auf dem Gebiete der Tatsachenforschung könnte man theoretisch dadurch abhelfen, daß die wissenschaftliche Ausbildung zum Richter nicht wie bisher nur dem quid juris, sondern in Zukunft auch dem quid facti gelte. Aber auch ein Experte auf den einzelnen Gebieten der Erfahrungswissenschaften käme als Richter nicht darum, Erfahrungsfragen beantworten zu müssen, die er als Sozialwissenschaftler nicht oder noch nicht für beantwortbar hält[53]. Man denke nur an die Legion

---

[51] Man vergleiche nur einmal *Döhrings* und *Poppers* Forschungslogiken miteinander.
[52] Vgl. z. B. *René König*, Soziologische Orientierungen, S. 54 ff.
[53] Zum psychologischen Problem der Zurechnungsfähigkeit und Verantwortlichkeit bemerkt *Hofstätter:* „Diese vom Gesetz definierten Sachverhalte lassen sich nur schwer in die von der Tiefenpsychologie beeinflußte dyna-

fremdpsychischer Tatsachen, deren Feststellung das Gesetz vom Richter fast bei jeder Beweisaufnahme fordert.

Trotzdem darf sich die richterliche Tatsachenforschung nicht aus dem durch die Logik der Sozialwissenschaften zusammengehaltenen Forschungsverband aussondern. Diese Logik tritt gerade für den Fall in Kraft, daß unbeantwortbare Fragen beantwortet werden müssen. Poppers Überlegungen machen aus der Not, daß absolute Kenntnis überhaupt unereichbar und relative Kenntnis auch nur schwebend verifizierbar ist, eine Tugend, den Schwebezustand so gut es geht zu stabilisieren. Der Schritt von der absoluten zur relativen Wahrheit ist hier der methodologisch erste, er darf in der Jurisprudenz nicht der letzte sein.

Die Bewährung wissenschaftlicher Aussagen kann immer nur als vorläufige gedacht werden. Man muß der juristischen Tatsachenforschung zugestehen, daß sie genötigt ist, ihre Feststellungen schon in einem früheren Stadium der Bewährung treffen zu müssen als andere Verfahrensarten. Vergleicht man aber ihre Situation mit derjenigen der Demoskopie oder der Psychiatrie, so stellt sich heraus, daß nicht nur sie mit diesem Problem fertig werden muß. Selbst die Logik und die klassischen Naturwissenschaften müssen damit leben. Weil alle Erfahrungswissenschaften grundsätzlich mit dem gleichen Problem konfrontiert werden, erhebt der Lösungsvorschlag universalistischen Anspruch[54]. Dem Zwang zur Teilhabe an der Problemlösung kann sich die Jurisprudenz zwar praktisch, aber niemals logisch entziehen. Der methodologische Universalismus der Sozialwissenschaften will nicht bevormunden, sondern helfen. Das Hilfsangebot ist allerdings wertlos, solange Jurisprudenz sich gegen eine Methodologie der Tatsachenforschung immunisiert.

Es gilt, zunächst die Ursachen der Immunität aufzudecken.

dd) Ursachen der Kritikimmunität richterlicher Erfahrung

Wie die juristische Diskussion über die Objektivität richterlicher Beweiswürdigung zeigte, hat die Prozeßrechtstheorie den Schritt von der absoluten zur relativen Wahrheit bewußt vollzogen[55]. Ebenfalls zeigte sich, daß es jetzt nur noch darum gehen kann, die Relativität mög-

---

mische Betrachtungsweise der Psychologie übersetzen." *Fischer Lexikon Psychologie*, 1966, S. 108.

[54] Zu wirksamer Kritik dieses Wissenschaftsuniversalismus ist allein die Dialektik in der Lage (vgl. z. B. *Habermas*, Analytische Wissenschaftstheorie). Deren Kritik kann eine Theorie der Beweiswürdigung bei dem derzeitigen Status der Rechtsanwendung noch nicht übernehmen. Vgl. oben, II 4 b aa.

[55] Vgl. oben, II 4 a.

4. Zur methodologischen Situation richterlicher Beweiswürdigung 43

lichst zu objektivieren. Das Streben nach Objektivität läßt sich am einfachsten in der Forderung zusammenfassen, der Richter solle lebenserfahren sein und von seiner Lebenserfahrung Gebrauch machen.

Der Rekurs auf die Lebenserfahrung vermag aber das angegebene Ziel nicht zu erreichen.

Objektivität der Beweiswürdigung wäre dann erreicht, wenn die richterliche Feststellung das historische Geschehen im Sinne der Beweisfrage richtig protokollierte. Objektivität in dieser Vorstellung setzt das Modell des seinen Gegenstand abbildenden Begriffs voraus. Die abbildende Wahrheit ist objektive Wahrheit[56].

Der Schritt von der objektiven zur relativen Wahrheit kann auf zwei verschiedene Weisen vollzogen werden: Entweder behält man das Abbildmodell bei und definiert die relative Wahrheit von der objektiven Wahrheit her als Annäherungsbegriff[57], oder man gibt das Abbildmodell überhaupt auf und definiert den Idealfall der relativen Wahrheit als intersubjektiv geltende Überzeugung[58].

Die Lebenserfahrung als Wahrheitskriterium vereint beide Arten der Wahrheitsauffassung auf undeutliche Weise. Seit *Dilthey* wird der Lebenserfahrung die Teilhabe an den „Objektivationen des Lebens" zugeschrieben, eine Vorstellung, die im prozeßrechtlichen Hinweis auf die Lebenserfahrung sicher noch eine große Rolle spielt und ebenso sicher hinter dem affirmativen Verweis auf die Intuition steht. Der verstehende Mensch kann sich nach Dilthey in einen anderen Menschen oder ein fremdes Werk hineinversetzen. Das eigene Selbst wird in einen gegebenen Inbegriff von Lebensäußerungen übertragen. „Auf der Grundlage dieses Hineinversetzens, dieser Transposition entsteht nun aber die höchste Art, in welcher die Totalität des Seelenlebens im Verstehen wirksam ist — das Nachbilden oder Nacherleben[59]." Das Nach-

---

[56] Im gesamten Verlauf dieser Arbeit wird der Begriff „Wahrheit" unexakt verwendet. Er paßt sich von Fall zu Fall in seiner Bedeutung einem Kontext der juristischen Umgangssprache an. Auch hier wird der Wahrheitsbegriff als nicht exaktes Modell des erkenntnistheoretischen Realismus verwendet. Keine dieser Verwendungen des Begriffs der Wahrheit würde einer exakten Sprachanalyse standhalten. Vgl. *Stegmüller*, Wahrheitsproblem, S. 15 ff.

[57] Dies drückt sich z. B. in der Formel von der „an Sicherheit grenzenden Wahrscheinlichkeit" aus.

[58] Vgl. *Popper*, Logik der Forschung, S. 18 ff., der für eine bestimmte Form der intersubjektiven Überzeugung den Begriff der Objektivität verwendet. Dieser Begriff von Objektivität kehrt aber nicht wieder zum Abbildmodell zurück, sondern knüpft das Prädikat objektiv an solche intersubjektiven Erkenntnisse, die der rationalen Kontrolle durch kritische Diskussion unterliegen. Musterbeispiel dieser Kontrolle ist die operationelle Reproduktion der der Überzeugung zugrundeliegenden Vorgänge, wobei *Popper* aber voraussetzt, daß die wissenschaftliche Beobachtung *kein* Abbild des Experiments ist.

[59] *Dilthey*, S. 264.

erleben verschafft dem Verstehenden ein Abbild des fremden Gegenstandes, eben objektive Erkenntnis[60].

Die gleiche abbildende Leistung, die hier dem Nacherleben zugeschrieben wird, vollbringt nach Auffassung eines strengen Positivismus die Beobachtung des unmittelbar Gegebenen. „Nacherleben ist gewissermaßen ein Äquivalent für Beobachtung; beide erfüllen auf der empiristischen Ebene das Kriterium einer Abbildtheorie der Wahrheit: sie gewährleisten, wie es scheint, die Reproduktion eines Unmittelbaren im einsamen, von allen bloß subjektiven Trübungen gereinigten Bewußtseins[61]."

Wenn die Prozeßrechtstheorie dem Richter die Idealperson des Lebenserfahrenen vorhält und ihm aufträgt, sich an diesem Ideal zu orientieren, schwingt dabei Diltheys Hoffnung mit, der Mensch könne kraft seiner Teilhabe an den geistigen Objektivationen seine Erfahrung objektivieren.

Beide Begriffe, Nacherleben und Beobachten, werden durch die Äquivokation „Erfahrung" notdürftig zusammengehalten. Mag die Äquivokation hier noch halbwegs gerechtfertigt erscheinen, weil immerhin ein gemeinsames Wahrheitsmodell zugrunde liegt, so fehlt ihr jede Berechtigung in folgendem Gebrauch des Wortes Erfahrung:

Außer der abbildenden Leistung, welche der Lebenserfahrung zugeschrieben wird, verweist der Begriff der Lebenserfahrung andererseits auch auf seine Wahrheit als intersubjektive Überzeugung. Auch diese Bedeutung ist im Bild des einsichtigen und mit den Verhältnissen vertrauten Mannes enthalten. Er ist als repräsentatives Mitglied einer Lebensgemeinschaft zu denken, die sich in Dingen des täglichen Lebens eine Überzeugung bildet und ihr Alltagsverhalten darauf aufbaut. Der Mann muß mit den Verhältnissen vertraut sein, denn das tägliche Leben bildet sich gewöhnlich auch eine Überzeugung von Gegenständen, mit denen es nicht vertraut ist. Der Mann repräsentiert einen qualifizierten Durchschnitt. Wird der Richter beauftragt, sich an ihm zu orientieren, so bedeutet dies, der Richter solle sich des intersubjektiven Einverständnisses aller Vernünftigen vergewissern. Das hätte er natürlich nicht mehr nötig, wenn er schon im Besitz der vollen Wahrheit wäre.

Die Formel des Reichsgerichts von dem gedachten Beobachter ist allerdings insofern nutzlos, als die gedachte Kritik niemals die geäußerte Kritik ersetzen kann. Die Formel ist aber doch aufschlußreich, weil sie offenbar das Getto spezifisch juristischer Wahrheiten mißbilligt und an ein nur gesamtgesellschaftlich zu erzielendes Einverständnis appelliert.

---
[60] *Habermas*, Erkenntnis und Interesse, S. 174.
[61] *Habermas*, a.a.O., S. 226.

4. Zur methodologischen Situation richterlicher Beweiswürdigung

Unter dem Schutz der Äquivokation hat sich Lebenserfahrung gegen jede Kritik immunisiert: Lebenserfahrung in der einen Bedeutung jagt einen Schatten, und Lebenserfahrung in der anderen Bedeutung diagnostiziert dessen Realität. Lebenserfahrung in der einen Bedeutung übernimmt ein gesellschaftliches Vorurteil, und Lebenserfahrung in der anderen Bedeutung umgibt dieses Vorurteil mit dem Heiligenschein der Objektivität. Dies ist noch zu verdeutlichen.

Intersubjektive Überzeugung garantiert schon ihrem Modell nicht, daß sie richtig sei. Sie gilt als richtig in Ermangelung einer besseren Einsicht. Aber auch die bessere Einsicht könnte noch nicht in Anspruch nehmen, richtig zu sein. Intersubjektive Überzeugung kann sich nur bewähren. Bewährung ist aber niemals objektive Wahrheit. Gleichwohl läßt sich gesellschaftliches Einverständnis darüber erzielen, daß es verschiedene Grade der Bewährung gibt.

Intersubjektive Überzeugung kann nun auch einer Erfahrung ein Ergebnis zuschreiben, das, wie eine bessere Einsicht lehrt, in den vermeintlichen Gegenstand der Erfahrung nur hineinprojiziert wurde. Die Hexenprozesse basierten auf der intersubjektiven Lebenserfahrung, daß der Satan leibhaftig umgehe, daß „magi et venefici naturaliter (!) cum Daemonibus, puta viri cum succubis, mulieres cum incubis concumbant"[62]. Wir wissen heute, daß die damalige Lebenserfahrung „gemacht" wurde, daß sie nur das vorfand, was eine bestimmte Stufe der Gesellschaft in sie hineingelegt hatte. Lebenserfahrung trifft in ihrem Gegenstand zunächst einmal sich selbst an.

Es ist aber möglich, diesem Zirkel wenigstens schrittweise zu entkommen. Kein Entrinnen gibt es aber, wenn Lebenserfahrung als intersubjektive Überzeugung ihren eigenen Schatten wahrnimmt und Lebenserfahrung als objektives Kriterium diesen Schatten als den objektiv erkannten Gegenstand bestätigt.

Solange die Bedeutung des Wortes Lebenserfahrung nicht geklärt wird, ist die richterliche Beweiswürdigung gegen jede Kritik immun. Der juristische Gebrauch des Wortes Erfahrung ist das Paradigma einer „Verhexung unseres Verstandes durch die Mittel unserer Sprache".

ee) Universalität der Erfahrungskritik

Das Bedürfnis nach „Objektivität" richterlicher Tatsachenforschung ist nur über eine Theorie der Erfahrung zu befriedigen. Ich schlage vor, daß sich die Rechtsanwendung hierbei der kritizistischen Theorie der Erfahrung anschließt.

---

[62] Zitiert aus *Schmidt*, Einführung in die Geschichte der deutschen Strafrechtspflege, S. 209.

Zwar geht es den Richtern um die Aufklärung singulärer Handlungsabläufe. Sie stehen also nicht in dem sozialwissenschaftlichen Interessenzusammenhang von prognostischen Theorien[63]. Das „Basisproblem"[64] der Forschung stellt sich für sie nicht als Problem der Falsifikation theoretischer Sätze. Gleichwohl teilen sie das Theorie- und das Basisproblem mit den Sozialwissenschaftlern. Diese brauchen die Basissätze zur Kontrolle der Theorien. Die Richter brauchen die Theorien zur Kontrolle der Basissätze.

Da die Richter keine Hoffnung auf theorie-unabhängige Basissätze haben können, bleibt ihnen nur die Alternative, bewährte Theorien oder unbewährte Vorurteile zu verwenden. Wenn sie wegen ihrer genau definierten und restringierten Berufspraxis die Theorien nicht selbst aufstellen und prüfen können, müssen sie die Theorien von dort übernehmen, wo sie aufgestellt und geprüft werden: in den Erfahrungswissenschaften.

Praktisch gehandhabt wird diese Rezeption schon im Falle bestimmter naturwissenschaftlicher Theorien und den sog. Denkgesetzen[65]. Noch nicht gehandhabt wird sie im Falle von sozialwissenschaftlichen Theorien.

Wenn die Richter bestimmte Probleme der Sachverhaltsermittlung mit Hilfe naturwissenschaftlicher Theorien lösen oder durch Sachverständige lösen lassen, deutet dies darauf hin, daß richterliche und erfahrungswissenschaftliche Tatsachenforschung durch eine gemeinsame Methodologie zusammengehalten wird. Daß die Rezeption im Falle sozialwissenschaftlicher Theorien nicht für erforderlich gehalten wird, deutet auf eine Halbierung dieser Methodologie hin. Die Reflexion auf den gesellschaftlichen Zusammenhang richterlicher Tatsachenforschung muß notwendig der Halbierung entgegentreten. In ihrem Streben nach Objektivität drückt sich der Wunsch der richterlichen Tatsachenforschung nach der Universalität, nach der Intersubjektivität ihrer Methoden aus. Bisher hat sie mit dieser Universalität noch nicht ernst machen können, da sie das methodologische Problem noch nicht mit der in den Sozialwissenschaften und Naturwissenschaften erreichten Schärfe formulieren konnte. Der bisherige Rekurs auf die Lebenserfahrung ist nichts als ein hilfloser Verweis auf das subjektive Überzeu-

---

[63] *Popper*, Prognose und Prophetie, S. 116.
[64] *Popper*, Logik der Forschung, S. 60 f.
[65] Die Rechtsprechung dehnt den Bereich der sog. Erfahrungsgrundsätze immer weiter aus. Diese Tendenz ist nur zu deuten als Favorisierung des intersubjektiven Bereichs gegenüber dem einsamen, subjektiven Bereich. Eine Theorie der Erfahrung wäre der oberste Erfahrungsgrundsatz.

4. Zur methodologischen Situation richterlicher Beweiswürdigung

gungserlebnis des Richters, das die Objektivität wie des Kaisers unsichtbare Kleider angezogen bekam.

Erlebnisse aber „können einen Basissatz ebensowenig begründen wie ein Faustschlag auf den Tisch"[66].

---

[66] *Popper*, Logik der Forschung, S. 71.

III. Zum Gewissensbegriff des Bundesverfassungsgerichts

1. Voraussetzungen der Definition

a) Der applikative Zweck

Schmidhäuser hatte das Junktim zwischen Interpretation und Applikation des Gesetzes besonders deutlich gemacht. Über die Grenzen der Anwendbarkeit, d. h. Erfahrbarkeit, kann sich die Gewissensinterpretation nicht hinwegsetzen[1]. Auch das Bundesverfassungsgericht betont den applikativen Zweck seiner Definition: „Die Anwendung der Verfassungsnorm im Einzelfall darf dem Phänomen ‚Gewissen' nur so weit nachgehen, als sie mit den ihr zu Gebote stehenden Erkenntnismitteln zu prüfen hat, ob, was sich nach außen als Gewissensentscheidung kundgibt, wirklich den Charakter eines unabweisbaren, den Ernst eines die ganze Persönlichkeit ergreifenden sittlichen Gebots, einer inneren Warnung vor dem Bösen und eines unmittelbaren Anrufs zum Guten trägt[2]."

Staatliche Gewissensinterpretation darf nur so weit gehen, bis der Punkt forensischer Entscheidbarkeit erreicht ist. Darüber hinaus ist sie unzulässig[3]. Die Abwehr eines Zuviel an Anwendung bedeutet gleichzeitig eine Legitimation der vor diesem Zuviel haltmachenden eigenen Anwendung: Eine Interpretation muß gegeben werden, weil das Gewissen forensisch überprüft werden muß.

Das Bundesverfassungsgericht sagt nicht ausdrücklich, warum es die in § 25 WPflG normierte Pflicht des Kriegsdienstverweigerers, sein Gewissen von einem staatlichen Gremium überprüfen zu lassen, überhaupt akzeptiert. In anderem Zusammenhang deutet es eine Antwort an. Die Gewissensentscheidung führt „zur Verweigerung einer in Verfassung und Gesetz allgemein auferlegten staatsbürgerlichen Pflicht ... (und tritt) damit — wenigstens vordergründig — zu den Interessen des Staates in Widerstreit"[4]. Deutlicher wurde das Bundesverwaltungsgericht. Die Freiheitsrechte aus Art. 4 GG seien „nicht als Schutz für ein bloßes Lippenbekenntnis geschaffen". Staatliche Prüfungsgremien

---

[1] *Schmidhäuser*, S. 218. Zur historischen Seite des Verhältnisses von Interpretation und Applikation in der Hermeneutik: *Gadamer*, Wahrheit und Methode, S. 290 ff.; S. 307 ff.
[2] BVerfGE 12, 45 ff. (55).
[3] a.a.O., 56 oben.
[4] a.a.O., S. 57.

1. Voraussetzungen der Definition

suchten die materielle Wahrheit. Ihnen gegenüber müsse sich der Kriegsdienstverweigerer offenbaren[5]. Der Simulant habe keinen Anspruch auf Gewissensschutz. „Es liegt auch nicht im Wesen unserer staatlichen Grundordnung, daß sich der einzelne einer allgemeinen gesetzlichen Verpflichtung ohne den Nachweis (!) eines ihr vorgehenden Rechtes entziehen kann[6]."

Die Beweisbarkeit des Gewissens ergibt sich also nicht erst auf Grund einer phänomenologischen Beschreibung, sondern sie wird schon vorher als Postulat aus der Ausnahmestellung[7] des Verweigerers unter den Wehrpflichtigen gewonnen. Die Beweisbarkeit des Gewissens unterliegt aber nicht der gesetzgeberischen Disposition.

Damit ist allerdings noch keine Kritik an der höchstrichterlichen Gewissenspraxis verbunden, denn, wenn ein Ziel erreicht werden muß, ist noch nicht gesagt, daß es nicht auch erreicht werden kann.

Nur soviel ist festzuhalten: Wer das Gewissen in der Absicht und unter dem Zwang, Recht anzuwenden, definiert, hat sich bereits vorher dafür entschieden, daß das Gewissen überhaupt justitiabel, daß es der richterlichen Kognition zugänglich sei. Damit ist auf die Interpretation selbst entscheidend vorgegriffen, denn es wird nur noch eine forensisch taugliche Definition zugelassen, eine solche, die die Beweisbarkeit des Gewissens bestätigt. Forensisch tauglich ist das Gewissen nur als eine dem Richter zugängliche Realität. Wie die Antwort auch immer ausfallen mag, jedenfalls muß der Richter auf seine Frage quid facti eine Antwort finden. Das Gewissen muß ein factum sein. Damit ist bereits ein Gewissensverständnis ausgeschieden, welches das Gewissen nicht als Realität, sondern als Modell, als Denkkonstruktion ansieht[8].

Wer es unternimmt, das Gewissen in der Absicht dieser Art der Rechtsanwendung zu definieren, hat einen weiteren entscheidenden Schritt schon vollzogen. Er weiß bereits, daß der Staat und nicht der Verweigerer darüber zu entscheiden habe, ob Gewissensgründe vorliegen. Er hat das staatliche Anerkennungsverfahren bereits legitimiert, ohne sich unbedingt darüber im klaren zu sein, daß er Art. 4 Abs. 3 GG schon wie folgt interpretiert hat: „Niemand darf gegen sein für den Staat erkennbares Gewissen zum Kriegsdienst ... gezwungen werden."

Wohlgemerkt findet diese Interpretation statt, bevor die Interpretation überhaupt begonnen hat. Wie einschneidend das Gewissen damit

---

[5] BVerwGE 9, 97 ff. (99 f.); 14, 146 ff. (149).
[6] BVerwGE 14, 146 ff. (150).
[7] die das BVerwG zwei Sätze vorher übrigens noch leugnet. Vgl. auch BVerwGE 9, 97 ff. (100). Zum Regel-Ausnahmeverhältnis bei Freiheitsrechten *Schneider*, in dubio pro libertate.
[8] z. B. das Gewissensverständnis *Freuds*, vgl. *Eicke*, S. 65/66.

vorausinterpretiert ist, wird besonders an folgendem konstruierten Parallelsatz klar: „Die Freiheit des Glaubens und die Freiheit des religiösen und weltanschaulichen Bekenntnisses sind unverletzlich, sofern der Gläubige ein staatliches Gremium davon zu überzeugen vermag, daß sein Glaube ein gefestigter Glaube und sein Bekenntnis kein Lippenbekenntnis ist."

Man könnte einwenden, der Vorgriff auf die Interpretation durch den Zwang zur forensischen Anwendung sei im Kontext der Verfassung doch etwas Selbstverständliches, denn die Verfassung gelange gerade mit ihrer Anwendung zur Aktualität, während sie sonst im Programmatischen leerlaufen müßte.

Dieser Einwand wäre aber nur stichhaltig, wenn Gewissensfreiheit anders als durch den forensischen Gewissensbeweis nicht aktualisierbar wäre. Dies ist aber nicht der Fall, denn Gewissensfreiheit wäre ebenso aktualisiert, wenn der Staat dem Wehrpflichtigen die behauptete Gewissensentscheidung ohne jedes Verfahren glaubte[9]. Damit wäre dem akzentuierten Wortlaut des Art. 4 Abs. 3 GG („Niemand darf ... gezwungen werden") sogar besonders genau entsprochen, denn jedes Anerkennungsverfahren enthält die Möglichkeit einer — wenn vielleicht auch niedrigen — Quote von Justizirrtümern, die zur Folge hätten, daß doch „jemand" zum Kriegsdienst mit der Waffe gezwungen würde. Ebenso würde jemand zum Kriegsdienst gegen sein Gewissen gezwungen, der eine echte Gewissensentscheidung getroffen hat und das Anerkennungsverfahren nur aus Gründen der Beweislastverteilung verlor[10].

Auch eine historische Interpretation des Grundgesetzes ergibt nicht die zwingende Notwendigkeit eines Anerkennungsverfahrens. Das Grundgesetz entstand zu einer Zeit, als noch niemand an die Wiedereinführung der allgemeinen Wehrpflicht und an die erst dann eintretende Aktualität der Kriegsdienstverweigerung dachte. Insofern ergibt die Entstehungsgeschichte nichts über den Anerkennungsmodus[11].

Aber selbst wenn man das Recht zur Kriegsdienstverweigerung begrifflich nicht ohne die allgemeine Wehrpflicht denken will und insofern in die historische Situation einen systematischen Gedanken projiziert[12],

---

[9] Für die Abschaffung des Anerkennungsverfahrens zu Gunsten eines Wahlrechts des Wehrpflichtigen zwischen Wehr- und Ersatzdienst setzte sich Bundesverteidigungsminister *Schmidt* — jedenfalls zeitweilig — ein. Zustimmend *v. Zezschwitz*, a.a.O.

[10] Zur Beweislastverteilung im Anerkennungsverfahren zuletzt *v. Zezschwitz*, a.a.O.

[11] *Rudolf Smend*, Gutachten, S. 559 ff.; a. M. *Werner Weber*, Vereinbarkeit, S. 177 ff.

[12] *Werner Weber*, Grenzen, S. 8 f.; *Scheuner*, DöV 1959, S. 265, gegen BVerwGE 7, 242 ff. (250); vgl. auch BVerfGE a.a.O., 49 f.

steht die dann gegebene Begründung des Anerkennungsverfahrens nicht im Zusammenhang mit der Gewissensfreiheit, sondern mit der allgemeinen Wehrpflicht. Sie läuft darauf hinaus, es gebe dann mehr Verweigerer, als der zur Verteidigung entschlossene Staat sich erlauben könne. In diesem Argument ist die Theologische Ethik *Helmut Thielickes*[13] mit dem Funktionalismus *Niklas Luhmanns*[14] einig. Nach *Werner Weber*[15] ist die Wehrpflicht-Ausnahme aus Gewissengründen nur unter der Voraussetzung einräumbar, daß dadurch „die Verteidigungsfähigkeit des Staates keinen Schaden nimmt". Dieser Gesichtspunkt sei für die Auslegung des Art. 4 Abs. 3 GG „die unverrückbare Grenze". Dann muß es aber eine zulässige Interpretation des Art. 4 Abs. 3 GG sein, die Kriegsdienstverweigerung ganz abzuschaffen, wenn sie eines Tages die Verteidigungsfähigkeit des Staates gefährdet oder schädigt, was spätestens bei Kriegsbeginn der Fall sein wird.

Natürlich wollen die genannten Autoren das Grundrecht auf Gewissensfreiheit „unverfälscht realisieren"[16], aber sie halten den Staat aus ethischen (Thielicke) oder rechtlichen (Weber) Gründen für verpflichtet, die Kriegsdienstverweigerung in ihrem Ausnahmestatus gegenüber der Regel der allgemeinen Wehrpflicht zu fixieren. Aus diesen Gründen erscheint dann das Anerkennungsverfahren als die notwendige Bedingung, unter der der Staat allein das Grundrecht auf Kriegsdienstverweigerung gewähren kann.

Auf eine nähere Diskussion der Notwendigkeit, das Anerkennungsverfahren beizubehalten, wird hier verzichtet, weil es in diesem Abschnitt allein darum ging, den ersten Schritt zur Gewissensinterpretation des Bundesverfassungsgerichts nachzuvollziehen.

b) Die expliziten Voraussetzungen

Das Bundesverfassungsgericht war auf die Ausgangslage der Interpretation nicht eingegangen, welche sich aus dem Postulat der Justitiabilität des Gewissens ergibt. Zwei andere Bedingungen einer staatlichen Gewissensinterpretation erwähnt das Gericht.

1. Die Definition des Gewissens durch das Gericht ist auf Art. 4 GG verwiesen, obgleich das Wehrpflichtgesetz „das Nähere" der Kriegsdienstverweigerung regelt und damit gegenüber der Verfassung speziellere Aussagen trifft. Denn dem einfachen Gesetz ist verwehrt, das Grundgesetz authentisch zu interpretieren[17]. Dem Richter obliegt es,

---
[13] II. Bd., 1958, §§ 3744 ff.
[14] AöR, Bd. 90, S. 282 Anm. 44 und S. 261.
[15] Grenzen, S. 6 und 25 f.
[16] *Weber*, a.a.O., S. 25.
[17] Zur theoretischen Begründung einer Verteilung der Interpretationsaufgabe: *Schneider*, Verfassungsinterpretation, S. 40 ff.

den Sinngehalt des Verfassungsbegriffs Gewissen durch Auslegung zu ermitteln[18].

2. Im Gegensatz zu jedem geisteswissenschaftlichen oder naturwissenschaftlichen Gewissensbegriff muß der Richter das Gewissen neutral, d. h. „für alle Bekenntnisse und Weltanschauungen gleich"[19] definieren.

Das Bundesverfassungsgericht nähert sich dem Gewissensbegriff also unter drei Postulaten, die — jedes für sich — notwendige Bedingung für das Gelingen der Definition sind: Justitiabilität, strenger Rückgriff auf Art. 4 GG und Neutralität. Der folgende Nachvollzug des gerichtlichen Vorgehens soll zeigen, ob diese Postulate zusammen überhaupt einzulösen sind oder ob der Weg zu einer möglichen Interpretation bereits methodisch verstellt ist.

2. Historische und realistische Gewissensbeschreibung

a) Historische Aussagen und Realitätsbehauptung als Quellen der Beschreibung

Die erste Frage bei der Gewissensdefinition gilt der Herkunft unserer Kenntnis vom Gewissen. Wir können unsere Kenntnis aus zwei verschiedenen Quellen schöpfen:

Die erste Möglichkeit besteht darin, das Gewissen als ein reales Phänomen aufzufassen, das nur beschrieben zu werden braucht, „wie es in Wirklichkeit ist"[1]. Diesen Standpunkt, der unter Juristen vielfach vertreten wird[2], möchte ich — nur zu Unterscheidungszwecken — als den realistischen bezeichnen.

Die zweite Möglichkeit besteht darin, nicht an das Phänomen, sondern an die die Begriffsentwicklung tragenden Beschreibungen anzuknüpfen[3]. Diesen Standpunkt nenne ich den begriffsgeschichtlichen.

---

[18] BVerfG a.a.O., S. 53; a. M. *Werner Weber*, Grenzen, S. 7 f. und S. 14, der vorbehaltlich einer Kerngehaltsgarantie durch Art. 19 Abs. 2 GG dem Gesetzgeber einen „beträchtlichen Spielraum zur authentischen Bestimmung von Inhalt und Grenzen des Waffendienstverweigerungsrechts" zubilligt.

[19] BVerfG a.a.G., S. 54. Zum Problem von Nicht-Identifikation und Indifferenz: *Herbert Krüger*, Allgemeine Staatslehre, S. 178 ff. Zum speziellen Problem der Neutralität einer Gewissensinterpretation: *Podlech*, S. 21; *Zippelius*, in: Bonner Kommentar, Art. 4 Rdnr. 18 ff., jeweils mit Nachweisen.

[1] „Der Jurist findet das ‚Gewissen' als gegeben vor. Er muß daher versuchen, dieses Phänomen so zu erschließen, wie es sich ontisch, in der Wirklichkeit, verhält ... Infolgedessen muß ... angenommen werden, daß der Verfassungsgeber mit dem Begriff ‚Gewissen' nun tatsächlich das gemeint hat, was das Gewissen in Wirklichkeit ist." *Geißler*, S. 37 f.

[2] Vgl. *Podlech*, S. 22 Anm. 18.

[3] *Ernst Wolf*, in: RGG, 3. Aufl., Bd. 2, Sp. 1550 (Gewissen).

2. Historische und realistische Gewissensbeschreibung

Die Alternative realistisch — begriffsgeschichtlich kennzeichnet zwei grundsätzlich voneinander verschiedene Interpretationsmodelle, gleichsam ein horizontales und ein vertikales Verfahren. Man wird nicht von jedem Gewissensinterpreten verlangen dürfen, sich zu einem dieser Modelle zu bekennen, denn es sind mittlere Positionen denkbar, die einerseits nicht jeden Realitätsbezug der Begriffsgeschichte leugnen, andererseits den Realitätsbegriff selbst kritisch diskutieren. Mit der Alternative realistisch — begriffsgeschichtlich ist also noch nicht viel gewonnen, solange die Begriffe Realität und Begriffsgeschichte keinen eindeutig festgelegten Sinn haben, sondern in ihrer Bedeutung fast beliebig ausdehnbar oder einschränkbar bleiben. Immerhin sind aber zwei Pole möglicher Interpretation benannt, deren gegenseitige Unvereinbarkeit besondere Probleme schafft.

Der Gewissensrealist hat sich der Kritik zu stellen, die ihn zunächst nach seinem Realitätsbegriff fragt. Will er sich nicht auf die Terminologie und Denkweise der Historiker einlassen, wird er die Antwort schuldig bleiben. Die Auseinandersetzung mit der Begriffsgeschichte muß für ihn gefährlich sein, denn sie rüttelt an der Evidenz seiner Erfahrung. Gefährlich sind für ihn besonders die Fragen, ob die Möglichkeit seiner Gewissenserfahrung begriffsgeschichtlich vorinterpretiert ist; aus welchem Grunde er seine Erfahrung gerade mit dem historisch besetzten Wort Gewissen benennt und mit welchem Recht er von seiner eigenen Erfahrung aus verallgemeinernde Behauptungen über das Gewissen aufstellt.

Der konsequente Gewissensrealismus hält sich deshalb für eine ahistorische Position[4]. Selbst wenn er sich nicht dafür hielte, wäre er es nach seinen eigenen Voraussetzungen. Ob er nun die Realität in einem streng empirischen oder in einem metaphysischen Sinne denkt, jedenfalls beruht seine Gewißheit auf einer die historischen Bedingungen transzendierenden Erfahrung. Seine Gegner werden ihm gerade deswegen einen Historismus in dem Sinne vorwerfen, daß er sich mit einer bestimmten Tradition identifiziert und gegen jede kritische Empirie immunisiert habe, kurz, daß er die Speisekarte bereits für die Mahlzeit halte.

Andererseits muß sich der Historiker auch vor dem Realisten verantworten. Der Historiker sieht sich einem Krieg aller gegen alle in der Geschichte der Gewissensbeschreibungen gegenübergestellt[5]. Wenn

---

[4] „Infolgedessen muß, wenn eine historische Orientierung aus den angeführten Gründen (Gewissenskontroverse) fragwürdig, ja unmöglich erscheint, mangels anderweitiger Anhaltspunkte angenommen werden, daß der Verfassungsgeber mit dem Begriff ‚Gewissen' nun auch tatsächlich das gemeint habe, was das Gewissen in Wirklichkeit ist." *Geißler*, S. 38; vgl. die S. 34 angeführte Verfassungsinterpretation „ohne historischen Ballast".

[5] *Stoker*, S. 3.

er sich bemüht, die Gemeinsamkeiten der widerstreitenden Parteien herauszuarbeiten, so beanspruchen seine Ergebnisse keinen Bezug auf das reale Phänomen Gewissen. Diesen Bezug fordert der Realist aber als selbstverständliche Voraussetzung jeder Beschreibung. Der Historiker kann dieser Forderung schon deshalb nicht genügen, weil es keinen historischen Beweis dafür gibt, daß alle Gewissensbeschreibungen letztlich ein und demselben Phänomen gelten[6]. Dies wäre ein realistisches Vorverständnis, das der reine Historiker nicht übernehmen kann. Er muß nach wie vor für möglich halten, daß die verschiedenen Beschreibungen ebenso verschiedenen Phänomenen desselben Namens gelten oder daß die beschriebenen Phänomene überhaupt nicht existieren. Genau genommen, überschreitet schon die Frage nach der hinter den Beschreibungen gedachten Realität die begriffsgeschichtliche Fragestellung.

Die realistische und die begriffsgeschichtliche Position bleiben selbst dann unterscheidbar, wenn ihre Aussagen inhaltliche Kongruenz erreichen. Nimmt man an, die Begriffsgeschichte des Gewissens zeige dessen einheitliche Beschreibung als reales Phänomen, so würde der Historiker damit noch keineswegs zum Gewissensrealisten. Zwar sagten beide dasselbe, aber der Historiker setzte seine Aussage im Gegensatz zum Realisten in Anführungszeichen, da er metasprachliche und nicht objektsprachliche Aussagen formuliert[7].

b) Historische und realistische Elemente in der Definition des Bundesverfassungsgerichts

Das Bundesverfassungsgericht beschreibt das Gewissen unter den Bedingungen des eben beschriebenen Sonderfalls. Die gerichtliche Gewissensdefinition ist zugleich begriffsgeschichtlich und realistisch oder, anders ausgedrückt, sie gehört gleichzeitig einer Metasprache und einer Objektsprache über das Gewissen an.

Begriffsgeschichtlich ist die Definition, soweit das Bundesverfassungsgericht ihre Merkmale dem „allgemeinen Sprachgebrauch" entnimmt[8].

---

[6] *Brinkmann*, Grundrecht und Gewissen, S. 8, behauptet aber ohne nähere Begründung: „Alle Versuche, das Wesen des Gewissens zu verstehen, gelten ein und demselben Gegenstand."

[7] Ich folge hierbei der in der formalen Logik gebräuchlichen Terminologie. Die Unterscheidung zwischen Objektsprache und Metasprache wird dort als notwendige Voraussetzung angesehen, um semantische Paradoxien aufzuklären (z. B. *Hilbert-Ackermann*, § 4, besonders S. 162) und Wahrheit zu definieren (vgl. das *Tarski*-Referat bei *Stegmüller*, Wahrheitsproblem). Die Unterscheidung ist im vorliegenden Zusammenhang nötig, um den referierenden Charakter einer historischen und den behauptenden Charakter einer realistischen Gewissensaussage voneinander trennen zu können.

[8] Das Gewissen ist nach Ansicht des Bundesverfassungsgerichts im Sinne

2. Historische und realistische Gewissensbeschreibung

Denn zum einen ist jede Aussage über einen schon bestehenden Sprachgebrauch eine historische Aussage, obwohl hier der zeitliche Abstand zwischen objektsprachlicher und metasprachlicher Aussage nicht sehr groß zu sein braucht; zum anderen kann der allgemeine Sprachgebrauch selbst nichts anderes sein als eine Vulgär-Rezeption der Begriffsgeschichte. Er hätte sich niemals ohne die Beteiligung derjenigen Gewissensauffassungen bilden können, die im soziologischen Sinne Geschichte gemacht haben, d. h. der theologischen und philosophischen Lehren vom Gewissen.

Das Bundesverfassungsgericht müßte das Referat des allgemeinen Sprachgebrauchs streng genommen zunächst einmal zwischen Anführungszeichen setzen, um den metasprachlichen Charakter dieses Referats zu kennzeichnen. Anschließend müßte das Gericht begründen, warum die Anführungszeichen weggelassen werden dürfen, da mit diesem Schritt die historische Aussage methodisch in eine realistische Aussage umgewandelt wird.

Zur Begründung dieses Schrittes könnte man anführen, das Bundesverfassungsgericht sei als demokratisches Organ genötigt, ebenfalls für real zu halten, was alle Bürger für real halten. Weil der allgemeine Sprachgebrauch als ein realistischer erkannt sei, müsse das Gericht sich diesem Realismus anschließen und dürfe daher die Anführungszeichen weglassen. Man könnte den Schritt auch hermeneutisch oder sprachphilosophisch begründen.

Dieses Argument könnte aber nur verdecken, nicht leugnen, daß das Bundesverfassungsgericht die Anführungszeichen der Definition schon weggelassen hatte, bevor es überhaupt zu definieren begann. Vor jeder Interpretation war das Gewissen als factum bereits realistisch vorverstanden und nur objektsprachlich beschreibbar. Das Bundesverfassungsgericht besaß gleichsam das Glück, daß der allgemeine Sprachgebrauch das Gewissen als factum auffaßt und damit genau zu dem Ergebnis führt, das wegen einer anderen methodischen Forderung als allein möglich schon gewonnen war.

Das Gericht war aus methodischen Gründen sowohl zu einer begriffsgeschichtlichen wie zu einer realistischen Definition genötigt. Da beide Methoden zum selben Ergebnis führen, scheinen die unversöhnlichen Pole durch schlichtes Weglassen der Anführungszeichen miteinander versöhnt worden zu sein. Dazu wäre allerdings erforderlich, daß der juristisch-methodische Realitätsbegriff und der Realitätsbegriff des allgemeinen Sprachgebrauchs miteinander übereinstimmten.

---

des allgemeinen Sprachgebrauchs zu definieren, denn nur dieser ist allgemein genug, um das Interpretationsgebot der Neutralität zu erfüllen. BVerfGE 12, 54.

Es bleibt zu prüfen, ob das Bundesverfassungsgericht mit seinem Kunstgriff erfolgreich war.

3. Argumentationswert des Hinweises auf den allgemeinen Sprachgebrauch

Der allgemeine Sprachgebrauch wird in der Rechtstheorie gleichsam als Nährboden der Rechtssprache allgemein akzeptiert. Der Schritt von der Umgangssprache zur Rechtssprache wird dabei als Präzisierung von unscharfen Allgemeinvorstellungen zu scharfen Begriffen verstanden. Trotzdem vermag sich die einmal aufgestellte juristische Sprache gegenüber der Umgangssprache nicht zu verselbständigen, da Lücken und Härten auftreten, die den abermaligen Rekurs auf die Umgangssprache erforderlich machen[1].

Es überrascht daher nicht, wenn das Bundesverfassungsgericht den allgemeinen Sprachgebrauch darüber zu Rate zieht, was das Gewissen sei. Auch Schmidhäuser war bei der Definition der Gesinnung so vorgegangen[2].

Ungewöhnlich bleibt das Vorgehen des Gerichts nur insofern, als der allgemeine Sprachgebrauch des Gewissens mit dem Verfassungsbegriff in Art. 4 GG nicht nur verglichen, sondern sogar identifiziert wird. Wer einen Verfassungsbegriff mit dem allgemeinen Sprachgebrauch identifiziert, verzichtet auf eine verfassungsspezifische Interpretation, denn er leugnet die Möglichkeit der Divergenz zwischen Verfassungssprache und Umgangssprache. Interpretation setzt aber die Möglichkeit der Divergenz voraus[3].

Wenn das Gericht den Verfassungsbegriff Gewissen mit dem allgemeinen Sprachgebrauch vom Gewissen identifiziert und damit eine Interpretationsaufgabe auf Verfassungsebene nicht anerkennt, so überträgt es die ihm an sich obliegende Interpretations- und Definitionsaufgabe auf den allgemeinen Sprachgebrauch. Identifikation statt Interpretation hat viel für sich. Interpretation knüpft an die Unvollkommenheit des zu interpretierenden Ausdrucks an[4], während Identifikation als elementarer logischer Schritt auch noch in einer vollkommenen Rechtsordnung, die etwa durchgängig axiomatisiert und kalkülisiert wäre, einen Platz beanspruchen dürfte. Interpretation bleibt mit dem Risiko des Mißverstehens behaftet, während Identifikation risikoloses Verweisen bedeutet.

---
[1] s. dazu im einzelnen *Larenz*, Methodenlehre, S. 181 ff.
[2] Vgl. oben II 2 b aa; *Schmidhäuser*, S. 32.
[3] *Schneider*, Verfassungsinterpretation, S. 5.
[4] *Schneider*, a.a.O.

3. Allgemeiner Sprachgebrauch

Vollkommene Eindeutigkeit gewinnt Identifikation aber erst, wenn die zur Erklärung neu herangezogene Seite der Gleichung selbst vollkommen eindeutig ist. Diese Voraussetzung scheint der allgemeine Sprachgebrauch wegen seiner Universalität zu erfüllen. Darüber hinaus scheint er auch das Neutralitätspostulat[5] einzulösen, denn „allgemein" muß wenigstens interregional und interkonfessionell bedeuten.

Die Identifikation des Verfassungsbegriffs Gewissen mit dem allgemeinen Sprachgebrauch vom Gewissen hat eine so hohe methodische Überzeugungskraft, daß dabei die wichtigste Frage — die Frage nach der Justitiabilität des Gewissens — in Vergessenheit gerät. Für die Justitiabilität des Gewissensbegriffs kann der allgemeine Sprachgebrauch aber keinerlei Gewähr übernehmen, denn für ihn besteht das Junktim zwischen Interpretation und justitieller Applikation nicht. Das Bundesverfassungsgericht ging auf diesen Punkt nicht ein. Es meinte, die Frage nicht stellen zu müssen, da sich die Justitiabilität des Gewissens in der Praxis schon herausgestellt habe[6]. Von diesen Voraussetzungen her erschien der Hinweis auf den allgemeinen Sprachgebrauch jedenfalls auf den ersten Blick als der Stein der Weisen.

Ohne die Frage nach der Justitiabilität des Gewissens jetzt schon zu stellen, sei noch ein zweiter Blick auf den Argumentationswert des allgemeinen Sprachgebrauchs geworfen.

Das Bundesverfassungsgericht erklärt den Verfassungsbegriff Gewissen in zwei Stufen. Zunächst identifiziert es den Begriff mit dem allgemeinen Sprachgebrauch, sodann referiert es diesen Sprachgebrauch. Wäre der Sprachgebrauch wirklich allgemein, könnte das Gericht auf dieses Referat überhaupt verzichten. Wenn es den Sprachgebrauch dennoch referiert, hat das Referat jedenfalls nicht den Charakter einer Interpretation: Wäre der Sprachgebrauch wirklich allgemein, könnte man mit einem ungeteilten Konsens über die Bedeutung des Wortes Gewissen in der gesamten deutschsprachigen Bevölkerung rechnen. Dieser allgemeine Konsens verhütete wiederum eine Divergenz zwischen Ausdruck und Ausgedrücktem. Das Referat wiederholte für die deutschsprachige Allgemeinheit nur das, was diese ohnehin schon wüßte. Wäre der Sprachgebrauch wirklich allgemein, hätte das Gericht eine Definition gewonnen, ohne das Risiko einer — vielleicht angreifbaren — Interpretation auf sich nehmen zu müssen.

Nun wäre es sicher unrichtig, die Allgemeinheit des allgemeinen Sprachgebrauchs anzunehmen, da nur formalisierte Sprachen, nicht

---

[5] das mit einer staatlichen Gewissensdefinition verbunden ist.
[6] a.a.O., S. 55/56.

III. Zum Gewissensbegriff des Bundesverfassungsgerichts

aber Umgangssprachen allgemein eindeutig sind[7]. Es ist von der Einsicht auszugehen, daß „die Intersubjektivität der umgangssprachlichen Kommunikation stets gebrochen"[8] ist. Der allgemeine Sprachgebrauch wird also wenigstens von einer Minderheit nicht geteilt, die das Wort Gewissen in einem abweichenden Sinne gebraucht. Der Sprachgebrauch ist nicht mehr „allgemein", sondern nur noch „normal".

Damit wächst den Ausführungen des Bundesverfassungsgerichts über das Gewissen sofort der Charakter der echten Interpretation zu. Aber die gestörte Intersubjektivität läßt erneut nach der Berechtigung der Interpretationsmethode fragen.

Auf der ersten Stufe, der Identifikation des Verfassungsbegriffs mit dem allgemeinen Sprachgebrauch, ist nun zu fragen, ob eine normale Gewissensdefinition noch neutral ist. Es wäre nicht auszuschließen, daß die Identifikation mit einer Mehrheit schon im Definitionsstadium den Minderheitenschutz vereitelt, dem Art. 4 GG erkennbar dient. Man brauchte hierbei nur an den Fall zu denken, daß die gegenüber dem allgemeinen Sprachgebrauch abweichende Minderheit weitgehend mit der den Kriegsdienst verweigernden Minderheit identisch sei.

Auf der zweiten Stufe, dem Referat des allgemeinen Sprachgebrauchs, ist zu fragen, wie das Gericht gewährleisten will, das Referat wirklich im Sinne der Mehrheit zu halten.

Das Bundesverwaltungsgericht, dessen Argument das Bundesverfassungsgericht weitgehend übernommen hat, gab darüber in einer seiner ersten Grundsatzentscheidungen im Anerkennungsverfahren Auskunft. Es sei zwar außerordentlich schwierig, den Inhalt allgemeingültig und zweifelsfrei zu bestimmen, da der Begriff Gewissen vieldeutig und aus religiösen, philosophischen, sprachkundlichen und anderen Bestandteilen zusammengesetzt sei. Doch könne man unbedenklich einen bestimmten Inhalt „als allgemeine Meinung" ansehen[9]. Die anschließend gegebene Inhaltsbestimmung stützte das Bundesverwaltungsgericht auf den Großen Brockhaus, den Großen Herder, Sacher, Scheuner, Mangoldt-Klein und Werner Weber. Auch nach dieser Fundierung bleiben noch Fragen offen:

Sind die angeführten Schriften repräsentativ für eine überwiegende Mehrheit in der Bevölkerung oder nur für eine solche Mehrheit unter

---

[7] *Habermas*, Logik der Sozialwissenschaften, S. 156.
[8] *Habermas*, a.a.O.
[9] VII C 235.57 vom 3. 10. 1958 = BVerwGE 7, 242 ff. (246); in dem unveröffentlichten Urteil — VII C 31.58, ebenfalls vom 3. 10. 1958, das im übrigen wörtlich übereinstimmende Ausführungen über den Gewissensbegriff enthält, lautet der Satz: „Doch kann unbedenklich als allgemeine Meinung *und auch als Auffassung im Schrifttum* angesehen werden ..." (Hervorhebung von mir).

3. Allgemeiner Sprachgebrauch

den mit dem Gewissen befaßten Schriftstellern? Kommt es auf den Sprachgebrauch der Bevölkerung, der literarisch nicht formuliert ist, überhaupt an? Ist die Bevölkerung überhaupt in der Lage, das Wesen des Gewissens unabhängig vom einschlägigen Schrifttum zu formulieren oder kann sie den Begriff des Gewissens nur vulgär adaptieren, wie etwa in der verflachenden Rede von der „gewissenhaften Hausfrau"[10]? Sind die zitierten Schriften auch repräsentativ für den Teil der Bevölkerung, in dessen aktivem Sprachschatz das Wort Gewissen, außer in verflachender Rede, überhaupt nicht auftaucht[11]? Legt das Gericht den zitierten Schriften demoskopische Qualitäten bei, in welchem Umfang und mit welchem Recht?

Die Gerichte erteilen keine Auskunft darüber, in welchen Gruppen der Gesellschaft der Sprachgebrauch allgemein ist und welchen Grad der Allgemeinheit die zitierten Schriften verbürgen. Das Schweigen der Gerichte auf die erste Frage macht es erforderlich, die nicht-„allgemeinen" Gewissensbegriffe aufzusuchen und ihre Unterdrückung zu legitimieren. Erst eine inhaltliche Analyse würde zum Vorschein bringen, welche Anschauung als Leitfaden der gerichtlichen Definition diente und welche Gruppe mit ihrer Anschauung nicht repräsentiert ist.

Daraus ergibt sich noch keine Kritik am Gewissensbegriff der Rechtsprechung. Aber es folgt daraus eine Kritik an der Überzeugungskraft des Arguments, der Verfassungsbegriff entspreche dem allgemeinen Sprachgebrauch: Entweder ist der Sprachgebrauch wirklich allgemein, dann wirkt jeder Erklärungsversuch nur pleonastisch, oder der Sprachgebrauch ist nicht allgemein, dann wäre er nur akzeptabel, wenn gleichzeitig auf der Ebene der Verfassungsinterpretation geklärt würde, mit welchem Recht sich die Verfassung hier auf die Seite welcher Mehrheit schlägt.

---

[10] Eine Waschmittelfirma läßt z. B. in einem Werbespot eine Geisterstimme als das „Gewissen der Hausfrau" den Gebrauch bestimmter Produkte befehlen. Eine vom Bundesminister der Verteidigung herausgegebene Schrift „Gebrauchsanweisung für die Bundeswehr", Köln 1970, verwendet den Begriff des schlechten Gewissens für die Bestrafungsangst des Soldaten, der seinen Spind nicht aufgeräumt hat (S. 21).

[11] Zu den üblichen Fragen, die Prüfungsgremien und Gerichte an Kriegsdienstverweigerer stellen, gehört auch diejenige, was der Antragsteller denn unter Gewissen — unabhängig von diesem Verfahren — verstehe. Diese Frage wird damit begründet, er berufe sich doch auf den in der Verfassung verbürgten Gewissensschutz; dann müsse er auch sagen können, was sein Gewissen sei, anderenfalls könne er selbst keine Gewißheit haben, daß seine Entscheidung eine Gewissensentscheidung sei. Nach meiner Beobachtung versagen sehr viele Antragsteller bei dem Versuch einer Antwort, sofern sie nicht Abiturienten sind. Wenn Antworten überhaupt gegeben werden, handelt es sich meist um verstümmelte Reproduktionen kirchlicher Gewissenslehren. Gegenüber ihrem Anwalt räumen Verweigerer häufig ein, sie brauchten das Wort Gewissen eigentlich niemals.

Das Schweigen auf die zweite Frage — der Frage nach der statistischen Allgemeinheit — bringt zum Bewußtsein, daß jede Gesetzesauslegung unter Hinweis auf einen normalen oder volkstümlichen Sprachgebrauch dem Interpreten sozialwissenschaftliche Pflichten auferlegt, denen der Jurist bisher schon methodologisch nicht gewachsen ist. Den Richtern bleibt nur die schlichte Hoffnung, daß sie als gewählte Repräsentanten des volkstümlichen Rechtsempfindens eine für das Volkstum repräsentative Sprache sprechen.

Es ist kein Geheimnis, daß der vom Bundesverfassungsgericht angeführte allgemeine Sprachgebrauch nicht allgemein ist. Nicht unter diesen Sprachgebrauch fallen alle Gewissenstheorien, die dem Gewissen entweder die ethische Realität oder die Realität schlechthin absprechen. Damit sind, wie Scheuner es formuliert, „psychologisch-soziologische Deutungen abgewiesen, die das Gewissen nicht aus einer echten sittlichen Autonomie heraus verstehen"[12].

Ausgeschieden ist ein Gewissensverständnis, welches das Gewissen nicht als Leistung des ethischen Subjekts versteht, sondern mit dem Triebleben, der Erziehung oder dem Gesamtwillen der auf Selbsterhaltung tendierenden Gesellschaft in Verbindung bringt. Die Schüler *Marx'*, *Darwins*, *Pestalozzis* und *Freuds* haben keinen Anteil an diesem „allgemeinen Sprachgebrauch". Ebensowenig sind die positivistischen Reduktionisten repräsentiert, die von einer strengen Realitäts- und Wissenschaftstheorie her Metaphysik im ganzen überwunden zu haben glauben[13], und die Kritizisten, die Metaphysik nur noch als Denkanregung für eine nicht-metaphysische kritische Rationalität weiter gelten lassen wollen[14].

Das Bundesverfassungsgericht legitimiert seinen Gewissensbegriff nicht allein an dem formalen Argument, die Definition entspreche dem allgemeinen Sprachgebrauch. Es übernimmt daneben auch die Gewähr für die inhaltliche Allgemeinheit seiner Begriffsbestimmung. Die Garantie für diese Allgemeinheit ist in der Parenthese ausgedrückt, das Gewissen sei ein „(wie immer begründbares, jedenfalls aber)" real erfahrbares Phänomen[15].

Die Parenthese als Attribut des Phänomens Gewissen lokalisiert die vom Bundesverfassungsgericht eingehaltene Beschreibungsebene. Wenn

---

[12] *Scheuner*, a.a.O., S. 203 Anm. 13.
[13] Übersicht bei *Stegmüller*, Hauptströmungen, S. 351 ff.; vgl. auch *Wittgenstein*, tractatus, 6.42.
[14] z. B. *Albert*, Traktat, S. 47 ff., der der Metaphysik für das wissenschaftliche Denken dieselbe Rolle zuweist wie die Utopie sie für das politische Denken innehat (S. 50).
[15] a.a.O., S. 54.

in der richterlichen Definition die Art der Begründung offenbleibt („wie immer begründbar"), dagegen die reale Erfahrbarkeit als unstreitige Qualität des Gewissens bezeichnet wird („jedenfalls aber"), so ist die Definition damit in eine logisch-höhere Ordnung aufgestiegen: Es wird an den Oberbegriff (Gattungsbegriff) angeknüpft, der in allen Gewissensdefinitionen, so kontrovers sie im übrigen auch sein mögen, als nächster gemeinsamer Begriff[16] enthalten ist.

Das in Parenthese gesetzte Attribut gehört — gerade wegen der Parenthese — nicht zu den Essentialien der Definition. Es erläutert nur die angewandte Beschreibungsmethode und erleichtert damit die Schwierigkeit des Verständnisses. Gleichzeitig dient die parenthetische Anmerkung als Argument, die Definition überzeugend zu begründen. Nur die Definition in einer Gattungsebene höherer Allgemeinheit vermag dem in den vorangehenden Sätzen aufgeführten Postulat der Neutralität zu genügen.

Der logische Aufstieg soll es dem Gericht ermöglichen, die „rechtlich unergiebige" Gewissenskontroverse gleichsam aus der Ferne zu beobachten, ohne selbst in der eigenen friedvollen Neutralität gestört zu werden. Gerade dies ist aber mißlungen:

1. Die Behauptung, das Gewissen sei jedenfalls eine reale Erfahrung, wie immer es auch begründet werde, ist falsch. Sie wäre schon dann falsch, wenn es auch nur *eine* abweichende Theorie gäbe. Es gibt aber eine Vielzahl abweichender Theorien.

2. Die Aussage, allen Gewissensbegriffen sei ein bestimmtes Gattungsmerkmal gemeinsam, setzt eine Auseinandersetzung mit allen Gewissensbegriffen, also auch den theologischen, philosophischen, psychologischen und soziologischen, voraus. Diese Auseinandersetzung hat nach der Behauptung des Bundesverfassungsgerichts weder stattgefunden noch stattzufinden[17].

3. Das Bundesverfassungsgericht gibt seine Gewissensbeschreibung als die des allgemeinen Sprachgebrauchs aus. Gleichzeitig räumt es durch die genannte Parenthese ein, daß es in dem von ihm übernommenen allgemeinen Sprachgebrauch unterschiedliche Gewissensbegründungen gebe. Die Allgemeinheit des allgemeinen Sprachgebrauchs bezieht sich also nur auf die gemeinschaftlichen Gattungsmerkmale, nicht auf die speziellen Merkmale der Art. Die Allgemeinheit des allgemeinen Sprachgebrauchs ist also nicht dessen Behauptung, sondern eine ihm gegenüber metasprachliche Behauptung des Bundesverfassungsgerichts. Mit dem Begriff „allgemeiner Sprachgebrauch" wird ein Konsens der Sprechenden suggeriert, den es in Wahrheit nicht gibt.

---
[16] definitio fit per genus proximum ...
[17] a.a.O., S. 55.

4. Es besteht nicht einmal Konsens darüber, daß alle Beschreibungen, so kontrovers sie auch seien, doch ein und demselben Phänomen gelten. Ein katholischer Moraltheologe und ein Darwinist können diesen Konsens niemals erzielen. Dieser Konsens, der nur unter den Angehörigen ein und derselben Schule erzielbar ist, wird als ein allgemeiner suggeriert, wenn man die kontroversen Beschreibungen in Gattungsmerkmalen zusammenfaßt und diese als unstreitige Qualitäten des einen Phänomens Gewissen ausgibt.

5. Mit dem Referat des allgemeinen Sprachgebrauchs wäre nur dann etwas gewonnen, wenn das explicandum in eine allgemein eindeutige Sprache des explicans übersetzt worden wäre. Dies ist aber nicht der Fall, denn die Begriffe „real", „Erfahrung", „Phänomen", „sittlich" sind ebenso wie der Begriff Gewissen mehrdeutig und heftig umstritten.

4. Gewissen und sittliche Autonomie

Die Gewissensdefinition mit dem allgemeinen Sprachgebrauch erwies sich unter verschiedenen Aspekten als problematisch. In den folgenden Abschnitten soll der für den Zusammenhang dieser Arbeit wichtigste dieser Aspekte herausgegriffen werden: die nötige Kongruenz des allgemeinen Sprachgebrauchs mit einer forensisch tauglichen Gewissensdefinition[1]. Das Bundesverfassungsgericht definierte das Gewissen einerseits als Tatbestandsmerkmal einer Norm, die zur richterlichen Anwendung zu gelangen hat; andererseits als ein Element einer Sprachwelt, die selbst in keinerlei Zusammenhang mit der Rechtsanwendung steht. Die Definition konnte nur gelingen, wenn auf beiden Ebenen kongruente Ergebnisse zu erzielen waren. Die Berufung auf den allgemeinen Sprachgebrauch sollte unter allen Umständen zu einem justitiablen Gewissensbegriff führen.

Das Gericht beschreibt das Gewissen als einen Gegenstand eigener realer Erfahrung. Die Definition beantwortet nicht die weitere Frage, wie dieser Gegenstand eigener Erfahrung zum Gegenstand fremder Erfahrung gemacht werden könne. Das Gericht äußert lediglich seine Überzeugung, daß das Gewissen (oder die Gewissensentscheidung) als „Sachverhalt" der richterlichen Beurteilung zugänglich sei, wenn auch „praktische Schwierigkeiten" dabei auftauchten[2]. Nach diesen praktischen Schwierigkeiten soll theoretisch gefragt werden.

Schon in den methodischen Vorbemerkungen zur eigentlichen Definition nennt das Gericht das Gewissen eine Leistung der „autonomen

---

[1] Vgl. oben III 1 a.
[2] a.a.O., S. 55 f.

4. Gewissen und sittliche Autonomie

sittlichen Persönlichkeit"[3]. Der Begriff des Sittlichen taucht später noch dreimal auf: „Der Ruf des Gewissens wird ... als eine sittliche ... Entscheidung vernehmbar." Gewissensentscheidung ist „jede ernste sittliche, d. h. an den Kategorien von ‚Gut' und ‚Böse' orientierte Entscheidung." Die Gewissensentscheidung trägt den Charakter „eines die ganze Persönlichkeit ergreifenden sittlichen Gebots"[4].

Der Stellenwert des Sittlichen innerhalb der Gewissensdefinition ist am besten im Zusammenhang mit dem Gewissensmodell zu verdeutlichen.

a) Gewissen als dialektisches Modell

Die vom Bundesverfassungsgericht gebrauchten Merkmale[5] deuten insgesamt auf ein dualistisches Gewissensmodell: Eine reale Erfahrung setzt voraus, daß jemand real erfährt und etwas real erfahren wird. Alle Wörter, die aus dem Normdenken entstammen, setzen einen Normgeber und einen Normunterworfenen voraus, so die Ausdrücke „Forderung", „Gebot", „Verbot", „unbedingtes Sollen", „unbedingt verbindliche Entscheidung", „bindend und unbedingt verpflichtend". Auf ein personal zu denkendes Dualmodell deuten schließlich die Wörter „Mahnung", „Warnung" und „Ruf".

Zusammenfassend und vereinfachend nenne ich die passive Seite des Modells, also den Erfahrenden, den Normunterworfenen, der unter allen Umständen personal zu denken ist, den „Empfänger"; die aktive Seite, also den Normgeber, den oder das Rufende, die „Realität".

Innerhalb des Dualsystems Gewissen erweist sich das Wort sittlich als Attribut der „Realität". Mit der Einordnung des Sittlichen in die formale Struktur des Gewissens ist allerdings eine inhaltliche Bestimmung des Gewissens noch nicht erreicht. Die inhaltlichen Aussagen der Gewissensdefinition lassen sich — ebenfalls vereinfachend — wie folgt zusammenfassen:

1. Die Mehrzahl der Merkmale beziehen sich auf das Verhältnis von „Realität" und „Empfänger". Dieses Verhältnis wird durch den geforderten und erfüllten totalen Gehorsam gekennzeichnet.

2. Als „Empfänger" wird der Mensch bzw. der einzelne genannt.

3. Nicht eindeutig scheint auf den ersten Blick die Frage beantwortet zu sein, ob die „Realität" innerhalb der Subjektivität des einzelnen oder außerhalb dieser anzutreffen sei. Einige Merkmale deuten darauf

---

[3] a.a.O., S. 54 oben.
[4] a.a.O., S. 55.
[5] a.a.O., S. 54 f.

III. Zum Gewissensbegriff des Bundesverfassungsgerichts

hin, daß die „Realität" die Subjektivität des einzelnen transzendiere, andere Merkmale lassen erwarten, daß die „Realität" die Grenzen der Subjektivität nicht überschreite. Dieses Problem bedarf einer genaueren Analyse.

Die überwiegende Mehrzahl der Merkmale entstammen einem Sprachbereich, welcher die Kommunikation zwischen Personen bezeichnet. Man denkt in erster Linie an eine Person, die fordert, mahnt, warnt, ruft, entscheidet, bindet, verpflichtet, kurz: die von einer anderen Person Gehorsam fordert. Die christliche Tradition verwendet dieselben Ausdrücke, um damit das Verhältnis Gottes zum Menschen zu bezeichnen. Gott wird personal umschrieben.

Die Übertragung des Sprachgebrauchs vom sozialen in den religiösen Bereich muß nach einer bestimmten theologischen Tradition nicht notwendig einen Bedeutungswandel der verwendeten Begriffe zur Folge haben. Die Bedeutung der Begriffe Ruf, Mahnung usw. bleibt erhalten, solange Gott mythisch objektiviert und anthropomorph projiziert wird[6].

Ein Bedeutungswandel tritt erst ein, wenn die anthropomorphen Gottesaussagen theologisch als Bilder oder Symbole verstanden werden. Gleichwohl bleibt auch dann noch die Bedeutung der verwendeten Begriffe in dem Sinne erhalten, daß sie das Verhältnis des Menschen zu einer seine subjektiven Grenzen transzendierenden objektiven Wirklichkeit kennzeichnen.

Auf der anderen Seite deuten andere Definitionsmerkmale des Bundesverfassungsgerichts darauf hin, daß das Gewissen die Subjektivität des einzelnen nicht transzendiere. So widerspricht die Gewissensbeschreibung als seelisches Phänomen innerhalb der autonomen Persönlichkeit der durch die früheren Begriffe nahegelegten Deutung des Gewissens als heteronomes Phänomen. Das Gewissen als Leistung der autonomen Persönlichkeit scheint die Grenzen des Subjekts nicht zu überschreiten. Die „freie Selbstbestimmung des Einzelnen"[7] ist das genaue Gegenteil des totalen Gehorsams, den der „Empfänger" zu leisten hat. Die einzelnen Merkmale der Definition scheinen sich inhaltlich in paradoxer Weise zu widersprechen.

Die Definition des Gewissens bliebe ein sinnloser Selbstwiderspruch, wenn nicht gleichzeitig gesagt wäre, wie sich Gehorsam und Freiheit aufeinander beziehen sollen. Darüber enthält die Definition nur eine

---

[6] „Die einfachste Form dieser Deutungen besagt, das Gewissen sei die Stimme Gottes. Man versucht also, die Anonymität des Gewissensrufes durch diese Deutung aufzuheben und dem ‚es ruft' ein Subjekt zu geben." *Trillhaas*, Ethik, S. 104.

[7] a.a.O., S. 54.

einzige Aussage, die in den Begriffen der sittlichen Persönlichkeit, der sittlichen Entscheidung, des sittlichen Gebots enthalten ist. Von dem Begriff des „Sittlichen" ist zu erwarten, daß er Aussagen über das Verhältnis von Freiheit und Gehorsam, von Autonomie und Heteronomie möglich macht[8].

Nun ist der Begriff der Sittlichkeit nicht weniger vieldeutig als der Begriff des Gewissens[9]. Hatte das Bundesverfassungsgericht die Auseinandersetzung mit theologischen und philosophischen Lehren über das Gewissen wegen deren Vielfältigkeit und Widersprüchlichkeit und wegen der mangelnden Kompetenz des Richters vermeiden wollen[10] und eine Definition ohne diese Auseinandersetzung versucht, so bewirkte dies allein, daß sich nach der Definition das Problem dieser Auseinandersetzung nur verschob. Auch wenn die Definition des Gewissens gelungen wäre, bliebe die Definition des Sittlichen gleichsam als Nachlaßverbindlichkeit noch zu leisten. Das Bundesverfassungsgericht läßt den Leser im Stich, wenn es darum geht, Näheres über das Sittliche zu erfahren. Die Definition des Gewissens mit dem ungeklärten Merkmal sittlich bringt dem Leser besonders deshalb keinen Gewinn, weil eine Gewissenslehre notwendiger Topos jeder traditionellen Ethik ist und eine Klärung des Sittlichen ohnehin eine Klärung des Gewissensbegriffs enthalten müßte.

Die Definition des Bundesverfassungsgerichts überläßt es dem Leser, die Bedeutung des Wortes sittlich aus dem Kontext zu erschließen. Was das Wort sittlich in einem bestimmten Zusammenhang meint, kann nur der wissen, der das volle Spektrum der theologischen und philosophischen Ethiken überschaut, es sei denn, er verschanzte sich auch hier wieder hinter dem Scheinargument des allgemeinen Sprachgebrauchs. Die Gewissensdefinition des Bundesverfassungsgerichts kann überhaupt nur von dem verstanden werden, der eine Auseinandersetzung schon hinter sich hat, die das Gericht sich und dem Leser gerade ersparen wollte.

b) Sittliche Autonomie in der idealistischen und theologischen Tradition

Zu fragen ist also nach einer Ethik, welche die vom Bundesverfassungsgericht beschriebene Aufgabe zu lösen imstande ist: den Menschen als sittlich autonome Persönlichkeit zu verstehen und den Widerspruch zwischen Gewissensfreiheit und Gewissensgehorsam aufzulösen.

---

[8] *Hans Reiner*, Die philosophische Ethik, S. 29 ff.
[9] Vgl. z. B. s. v. „Sittlichkeit", in: RGG, 3. Aufl.
[10] a.a.O., S. 55.

aa) Tradition des deutschen Idealismus

Diese Aufgabe stellte und löste der deutsche Idealismus.

Das Problem der sittlichen Autonomie ist in der Philosophie Kants auf einen strengen Begriff gebracht worden. „Die Autonomie des Willens ist das alleinige Prinzip aller moralischen Gesetze und der ihnen gemäßen Pflichten; alle Heteronomie der Willkür gründet dagegen nicht allein gar keine Verbindlichkeit, sondern ist vielmehr dem Prinzip derselben und der Sittlichkeit des Willens entgegen. In der Unabhängigkeit nämlich von aller Materie des Gesetzes (nämlich einem begehrten Objekt) und zugleich doch Bestimmung der Willkür durch die bloße allgemeine gesetzgebende Form, deren eine Maxime fähig sein muß, besteht das alleinige Prinzip der Sittlichkeit[11]."

Kant führt den Begriff der Sittlichkeit auf die Idee der Freiheit des autonomen Willens zurück, der sich selbst ein absolutes und zugleich allgemeingültiges Gesetz ist. Der freie Wille weiß sich damit aber in seiner Autonomie dem allgemeinen Sittengesetz im strengen Sinne unterworfen. So ist der sittlich freie Mensch zugleich Normgeber und Normunterworfener.

Nach Kant liegt hier „eine Art Zirkel"[12] vor, der sich jedoch auflöst, wenn man erkennt, daß es sich im Grunde um „Wechselbegriffe" handelt. Absolut frei ist der Mensch als Glied der Verstandeswelt; dem Sittengesetz unterworfen und verpflichtet weiß er sich als zur Sinnenwelt *und* zur Verstandeswelt gehöriger. Aus dieser gleichzeitigen Zugehörigkeit zu den zwei Welten ergibt sich ein weiterer Zirkel, der sich nicht in derselben Weise auflösen läßt. Kant nennt ihn die Antinomie der praktischen Vernunft[13]. Sie besteht darin, daß die tugendhafte Gesinnung einerseits nicht im Streben nach Glückseligkeit gründen darf, andererseits aber doch hoffen können muß, der Glückseligkeit teilhaftig zu werden. Die beiden Elemente der Antinomie kann nur Gott als Postulat der reinen praktischen Vernunft zusammenfügen: Im Gottesbegriff liegt die Einheit von vollendeter Sittlichkeit und höchster Glückseligkeit.

Fichte knüpft an die Kantische Lösung der Antinomien der Freiheit an. Die sittlich-autonome Selbstbestimmung der freien, durch reine Vernunft sich tätig verwirklichenden moralischen Persönlichkeit wird mit einem nichtpersonalen Gottesbegriff als moralischer Weltordnung zusammengedacht. Auf der Grundlage einer absoluten Dualität von

---

[11] Kr. d. pr. V., S. 39.
[12] Grundlegung zur Metaphysik der Sitten, S. 76.
[13] Kr. d. pr. V., S. 131 ff.

Vernunft und Sinnlichkeit erscheint die sittliche Autonomie als der aus sich selbst gesetzgebende und konkret wirksame gute Wille. In diesem erfährt sie die absolute Unbedingtheit der Vernunft als Einheit mit Gott, d. h. mit dem Inbegriff gesetzgebender Moralität. Deshalb ist Moralität zugleich verwirklichter Gehorsam. Die „Stimme des Gewissens" erscheint dabei als die Instanz, in welcher die Einheit der sittlichen Autonomie mit der moralischen Weltordnung konkret erfahren wird[14].

Hegels Phänomenologie und Dialektik des absoluten Begriffs führt ebenfalls notwendig zu einer Religionsphilosophie. Freiheit kann nur erreicht werden, wenn das Bewußtsein im absoluten Begriff zu sich selbst gekommen ist. Als Grundproblem der Philosophie ist dieser absolute Begriff zugleich Grundproblem der Religion, da sich in ihr der Übergang vom Zufälligen schlechthin verwirklicht. Als Verwirklichung des Wissens wird hier zugleich die Gemeinschaft Gottes mit dem Menschen verwirklicht: Das „Wissen Gottes vom Menschen ist das Wissen des Menschen von Gott". „Der Mensch weiß nur von Gott, insofern Gott im Menschen von sich selbst weiß[15]." Auf der Basis einer spekulativen Bewußtseinsphilosophie muß die Lösung der Kantischen Freiheitsantinomie zwangsläufig zu der schon bei Fichte angedeuteten Identitätslehre führen.

In allen idealistischen Systemen wird der Widerspruch zwischen Autonomie und Gesetzesgehorsam dialektisch gelöst. Die Lösung ist notwendig[16] mit einem philosophischen Gottesbegriff verbunden.

bb) *Tradition der evangelischen Ethik*

In der theologischen Tradition muß mit dem Begriff der autonomen sittlichen Persönlichkeit immer zugleich das Problem der Theonomie mitgedacht werden[17]. In der evangelischen Ethik suchte man die Problemlösung in der Kant-Nachfolge[18] oder in Auseinandersetzung mit der Kant vorgeworfenen „lebensfeindlichen Selbstgerechtigkeit"[19].

---

[14] Vgl. die repräsentativen Auszüge bei *Hirsch*, S. 141 ff.
[15] Vorlesungen über die Beweise vom Dasein Gottes, S. 117.
[16] *Henrich*, vor allem zu Kant: S. 137 ff. Ein Versuch, die Probleme der idealistischen Philosophie in deren eigenem Bezugsrahmen weiterzudenken und deren noch ungelöste Probleme wiederaufzugreifen, führt notwendig zu einer Philosophie des Absoluten und damit zur Explikation des diesen Systemen zugrundeliegenden Gottesbegriffs: Das ist der Fall in der Philosophie *Wolfgang Cramers* (Gottesbeweise und ihre Kritik).
[17] *Blumenberg*, in: RGG, 3. Aufl., I. Bd., Sp. 788 (Autonomie und Theonomie).
[18] *A. Ritschl, W. Herrmann.*
[19] *Ernst Wolf*, in: RGG, 3. Aufl., II. Bd., Sp. 1554 (Gewissen).

Thielickes Kant-Kritik etwa will nicht hinter das Postulat der Autonomie zurück. Es gehe nicht um die Restitution des mittelalterlichen, heteronom gedeuteten Gewissensbegriffs. Die theologische Ethik müsse mit dem „hölzernen Eisen" der theonomen Autonomie fertig werden[20]. Die Lösung sei durch eine immanente Kant-Kritik nicht zu erreichen. Man müsse vielmehr schon Kants intelligibles Ich in Frage stellen. „Diese Infragestellung kann aber nur so erfolgen, daß man von der These ausgeht: die Person könne sich überhaupt nicht von sich selbst aus konstituieren, sondern sie werde nur in ihrem Gegenüber zu Gott konstituiert, d. h. *Gott* müsse das primäre Faktum sein, an dem sich das menschliche Personsein messe, nicht aber dürfe die menschliche Person das erste sein, an dem Gott gemessen werde[21]."

In theologischer Ethik ist eine sittliche Autonomie, die sich nicht aus dem Zusammenhang mit einer Gottes-Lehre (oder Christologie bzw. Geistlehre) begreift, bisher nicht denkbar. Den m. E. stringenten Nachweis für diese Zusammenhänge hat *Ernst Troeltsch* geführt. Für Troeltsch ist das Christentum Höhepunkt und Konvergenzpunkt „aller erkennbaren Entwicklungsrichtungen der Religion"[22]. Im Christentum tritt ein prinzipiell neues geistig-religiöses Prinzip in Erscheinung, die Verwirklichung des Wertes der absoluten Persönlichkeit in der sittlichen Autonomie. Diese ist jedoch ohne den absoluten Bezugspunkt im christlichen Gottesgedanken nicht denkbar. „Wer die Menschen auch nur einigermaßen kennt, wird es für ganz undenkbar halten, daß die göttliche Autorität jemals ohne Schaden für das Sittengesetz wegfallen könnte ...[23]." „Der religiöse Glaube ist unentbehrliche Voraussetzung des Sittlichen und von größter Bedeutung für dessen Inhalt. In der vergeistigten religiösen Metaphysik wird das Sittliche aus einer äußeren Satzung der Gottheit zu innerer Notwendigkeit des gottverwandten menschlichen Wesens[24]."

Der Begriff der sittlichen Autonomie steht in der philosophischen und theologischen Tradition in notwendigem Zusammenhang mit der im deutschen Idealismus entwickelten Dialektik von Freiheit und Gehorsam. Diese Dialektik impliziert einen absoluten Bezugspunkt, der mit einem philosophisch-religiösen Gottesbegriff identisch wird.

---

[20] Theologische Ethik, II, 2, 1260 ff.
[21] a.a.O., I, 1661.
[22] Die Absolutheit des Christentums ..., S. 72 f.
[23] Atheistische Ethik, S. 535.
[24] a.a.O., S. 525.

cc) Ergebnis

Die Gewissensdefinition des Bundesverfassungsgerichts hält sich „in der Nähe theologischen und idealistischen Verständnisses des Gewissensphänomens"[25] auf. Diese Nähe zwingt dazu, das Gewissen mit dem Begriff des Absoluten in Verbindung zu bringen.

Daß sich im Gewissen etwas Absolutes ausspreche, zeigt im übrigen nicht nur der Rekurs auf die geistesgeschichtliche Tradition. Zum selben Ergebnis würde eine Begriffsanalyse der gerichtlichen Definition führen. Die „unbedingte" Verpflichtung, die „unmittelbare" Evidenz, die „reale" Erfahrung und schließlich die „objektive"[26] Verpflichtung weisen darauf hin, daß die Gewissensentscheidung am Absoluten in einem traditionell-metaphysischen Sinne orientiert ist[27].

c) „Verrechtlichung" und Verdinglichung des Sittlichen

Es scheint nicht überflüssig, die Funktion des Sittlichen in der Definition des Gerichts mit derjenigen Funktion zu vergleichen, die dem Sittlichen in anderem juristischen Zusammenhang zukommt.

Die Rechtsordnung ist es auch außerhalb des Kriegsdienstverweigerungsverfahrens gewohnt, mit dem Begriff des Sittlichen umzugehen. Als Beispiel sei der Begriff des Sittengesetzes in Art. 2 Abs. 1 GG genannt. Obwohl über die Auslegung dieses Begriffs gestritten wird[28],

---

[25] *Scheuner*, a.a.O., S. 203.
[26] Das Attribut „objektiv" wird in der Entscheidung vom 20. 12. 1960 nicht verwendet. Erst im Zusammenhang eines späteren Kurzreferats dieser Entscheidung verwendet das Gericht dieses Wort. Es spricht von der „besonderen Qualität (des Gewissens) als Erfahrung eines sich dem Täter als objektiv verpflichtend darstellenden Gebotes" (Beschluß vom 7. 3. 1968, JZ 1968, S. 524 unter ausdrücklicher Bezugnahme auf den Beschluß vom 20. 12. 1960).
[27] Der Autonomie- und Gewissensbegriff hat in der philosophischen Rezeption des Idealismus, insbesondere in der materialen Wertethik, Wandlungen erfahren, die ich hier nicht weiter verfolge. Mir ging es nur darum nachzuweisen, daß das Nebeneinander von Freiheit und Gehorsam nur dialektisch und nur durch den Bezugspunkt des Absoluten gedacht werden kann.
Wenn es so etwas wie den allgemeinen Sprachgebrauch von der sittlichen Autonomie gäbe und wenn es zulässig wäre, diesen allgemeinen Sprachgebrauch aus dem Großen Brockhaus und dem Großen Herder zu erfragen, wie das Bundesverwaltungsgericht es tat, so wäre dieser Sprachgebrauch durch Kant und die philosophische und theologische Auseinandersetzung mit ihm geprägt. (Vgl. Brockhaus Enzyklopädie in zwanzig Bänden, 17. Aufl., II. Bd., Wiesbaden 1967 s. v. Autonomie; Der Große Herder, Nachschlagewerk für Wissenschaft und Leben, 5. Aufl., I. Bd., Freiburg 1952 s. v. Autonome Moral.)
[28] Vgl. z. B. BVerfGE 6, 434 ff.; *Schmidt-Bleibtreu/Klein*, Art. 2, Rdnr. 12; *Maunz-Dürig*, Art. 2, Rdnr. 16; *Hamann*, Art. 2 B 7; *Mangoldt-Klein*, 2. Aufl., Art. 2 IV 3; *Brinkmann*, Kommentar, Art. 2, I 3 d.

ist man sich doch darüber einig, daß jede Auslegung dem Problem der „Verrechtlichung" gilt. Verrechtlichung wäre einmal die positiv-rechtliche Rezeption und Umschreibung des Sittengesetzes, wobei das „Pathos" des Grundgesetzes auf die „ethische Normallinie zurückzuschrauben"[29] wäre. Verrechtlichung wäre es aber ebenso, wenn dem Sittengesetz als außer- und vorrechtlicher Norm[30] eine höhere normative Bedeutung zugeschrieben würde.

Allen Auslegungsversuchen ist gemeinsam, daß das Sittengesetz in die normative Sprache eines rechtsanwendenden Obersatzes übersetzt wird. Das Sittengesetz entfaltet seine Bedeutung bei der Rechtsfrage (quid juris). Die Justiziabilität des Sittengesetzes wird dadurch erreicht, daß es als ein Kodex von Normen erscheint, die in irgendeiner Weise (ob nun soziologisch oder ethisch) inhaltlich bestimmt werden können.

Eine ganz andere Funktion entfaltet das Sittliche im Anerkennungsverfahren des Kriegsdienstverweigerers. Hier geht es nicht um die Verrechtlichung des Sittlichen. Art. 4 Abs. 3 GG hat für die Fälle der Kriegsdienstverweigerung das Problem der Verrechtlichung des Sittengesetzes endgültig gelöst. Weder verstößt die gewissensmäßige Kriegsdienstverweigerung gegen die „ethische Normallinie" noch gegen eine außer- und vorrechtliche Norm. Sie ist nicht unsittlich.

Wenn der Richter danach fragt, ob die Entscheidung gegen den Kriegsdienst sittlich ist, so betrifft diese Frage nicht den Obersatz, sondern den Untersatz seiner Rechtsanwendung; es ist nicht die Frage quid iuris, sondern die Frage quid facti. Das Sittliche taucht als Tatbestandsmerkmal, nicht als Rechtsfolgemerkmal auf. Es wird nicht verrechtlicht, sondern verdinglicht. Das Sittliche ist Attribut eines „Sachverhalts"[31], den es zu erforschen gilt. Das Sittliche wird nicht in die normative Sprache der Rechtsordnung, sondern in die Objektsprache des Tatsachenforschers übersetzt.

Justitiabilität des Sittlichen und damit des Gewissens ist erst dann erreicht, wenn diese Übersetzung gelingt. Nach der Möglichkeit dieser Übersetzung ist in den folgenden Abschnitten zu fragen.

Zuvor soll nach der Berechtigung folgenden Einwandes gefragt werden. Man könnte einwenden, es komme auf das Sittliche im Anerkengungsverfahren insofern überhaupt nicht an, als die Gewissensentscheidung selbst nicht unmittelbar bewiesen werden solle, sondern nur jene Hilfstatsachen, die einen Indizienschluß auf die Entscheidung zulassen.

---

[29] Dafür *Maunz-Dürig*, a.a.O.
[30] Dafür *Hamann*, a.a.O.
[31] BVerfGE 12, 55.

4. Gewissen und sittliche Autonomie

Bei der Gewissensentscheidung handle es sich „nicht um eine Tatsache, die unmittelbar, sondern nur mittelbar bewiesen werden (könne); deshalb (bedürfe) es des Beweises nicht unmittelbarer erheblicher Tatsachen, aus denen mit Hilfe von Erfahrungssätzen ein Schluß auf die ... Gewissensentscheidung gezogen werden (könne)"[32].

Also, so könnte man einwenden, frage der Richter überhaupt nicht nach dem Gewissen, sondern nach bestimmten objektiven Manifestationen, die den Rückschluß auf die Autonomie zulassen.

Dieser Einwand möchte das Gewissen aus dem Gewissensprozeß eskamotieren. Man möchte die Unsicherheit der Gewissenserforschung durch die Sicherheit der Indizienerforschung ersetzen. Die Prüfungsgremien verfahren unter der Anleitung des § 26 Abs. 4 WPflG[33] in der Tat auf diese Weise. Man fragt nach dem letzten Kirchenbesuch, nach der Teilnahme an einem Erste-Hilfe-Kurs, nach Vorstrafen, nach der Abiturnote im Fach Deutsch, nach dem Verhältnis zu den Eltern und zum Staat. Aus der Fülle der Indizienschlüsse soll dann das Urteil über die Glaubwürdigkeit des Antragstellers gebildet werden[34].

Auf diese Weise kann das Problem der Justitiabilität des Gewissens zwar verschoben, nicht aber umgangen werden. Problematisch ist jetzt nicht mehr das Indiz als Gegenstand des unmittelbaren Beweises. Problematisch wird nun die Berechtigung der Indizienschlüsse. Woher weiß man, daß der regelmäßige Kirchenbesuch die religiöse Gewissensentscheidung gegen den Kriegsdienst begünstigt und der Kirchenaustritt die religiöse Gewissensentscheidung in Frage stellt? Woher weiß man, daß der Kriegsdienstverweigerer, der sich im Umgang mit der Behörde nachlässig und unordentlich zeigt, auch im Umgang mit seinem Gewissen nachlässig ist[35]?

Der Indizienschluß ist, wie Ule in Übereinstimmung mit der herrschenden Lehre und Rechtsprechung bemerkte, Sache der Erfahrung. Für die juristische Praxis ist das Problem der Justitiabilität des Gewissens damit schon gelöst, denn über Erfahrung verfügt der Richter, dem kraft seines Amtes nichts Menschliches fremd ist[36].

---

[32] *Ule*, Verwaltungsprozeßrecht, S. 178 f.
[33] „Die Ausschüsse haben bei ihrer Entscheidung die gesamte Persönlichkeit des Antragstellers und sein sittliches Verhalten zu berücksichtigen."
[34] Dazu kritisch: *v. Zezschwitz*, a.a.O., S. 235 ff.
[35] BVerwG, NJW 1968, S. 1647: „Ohne ernstliches Bestreben zu ihrer Durchsetzung ist eine Kriegsdienstverweigerung aus Gewissensgründen nicht denkbar. Denn die Gewissensentscheidung ist eine ernste, sittliche und für den Betreffenden verbindliche Entscheidung, gegen die er nicht handeln kann, ohne in innere Not zu geraten."
[36] *Bockelmann*, s. oben II 4 a, Anm. 29.

Woher stammt aber diese Erfahrung? Ehe der Richter einen Erfahrungssatz als Obersatz eines Indizienschlusses verwenden kann, muß er eine Erfahrung mit dem Gewissen gemacht haben. Bei dieser früheren Erfahrung muß er einen Zugang zum Gewissen gehabt haben, der nicht selbst durch Indizien vermittelt worden ist. Denn ehe man aus Indizien auf Ereignisse schließen kann, muß man vorher entweder aus Ereignissen auf Indizien induktiv geschlossen haben oder einen Indizienschluß als hypothetische Theorie der Falsifikation an solchen Ereignissen ausgesetzt haben.

Den unmittelbaren Zugang zum Gewissen kann der Richter wiederum auf zweierlei Weise gehabt haben. Er kann über die Erfahrung seines eigenen Gewissens verfügen und aus dieser Erfahrung projektiv auf die fremde Gewissensentscheidung schließen; oder er kann schon vorher die unmittelbare Erfahrung des fremden Gewissens gemacht haben. Die projektive Methode der Gewissenserfahrung hat Schmidhäuser im Anschluß an eine geisteswissenschaftliche Tradition „Verstehen" genannt. Ihre Möglichkeit wird im folgenden Abschnitt erörtert. Im letzten Abschnitt wird sodann die Möglichkeit nichtprojektiver Erfahrung fremden Gewissens erörtert.

Vorweg ist aber noch auf eine besondere Gefahr hinzuweisen, die in jeder Methode des indirekten Gewissensbeweises liegt. Das Gewissen wurde als Dualsystem beschrieben, in dem die totale Freiheit (Selbstbestimmung) dialektisch mit dem totalen Gehorsam (Fremdbestimmung) verbunden ist. Von beiden Hälften des Gewissens läßt sich die Gehorsamsstruktur nun sicherlich leichter durch Indizien ermitteln als die Freiheitsstruktur. Als Gehorsam gegenüber einem unabweisbaren inneren Zwang fügt sich die Gewissensentscheidung in die Reihe geistigseelischer Krankheiten ein, aus deren empirischem Befund sie sich nur durch jene echte sittliche Autonomie abhebt, die der größte Teil der empirischen Soziologie und Psychologie zu beschreiben sich weigert. Wenn man nun der Gehorsamsstruktur empirisch eher beikommen kann als der Freiheitsstruktur, so liegt die Gefahr der richterlichen Indizienschlüsse — welche um so sicherer sind, je höher die empirische Faßbarkeit anzusetzen ist —, darin, daß sie den Kriegsdienstverweigerer favorisieren, der keine Waffe in die Hand nehmen *kann*, zum Nachteil dessen, der keine Waffe in die Hand nehmen *will*. Auf eine Untersuchung, inwieweit die Rechtsprechung dieser Gefahr erlegen ist, wird hier verzichtet.

IV. Zur Beweiswürdigung im Anerkennungsverfahren des Kriegsdienstverweigerers

1. „Verstehen" fremder Gewissensentscheidung

Schmidhäuser hatte die Erfahrung fremder Gewinnung — fremden Gewissens — dem seelisch-geistigen Verstehen zugeordnet. Aus dem gleichen Grund, der die Fachpsychologie daran hinderte, Gesinnung angemessen zu umschreiben, versagte die Fachpsychologie bei der Frage, wie die eigene oder fremde Gesinnung in Erfahrung zu bringen sei. Sodann untersuchte Schmidhäuser die spezifischen Fehlerquellen, denen das geisteswissenschaftliche Verstehen ausgesetzt ist. Er wies zahlreiche Möglichkeiten der Täuschung nach und gelangte zu dem Ergebnis, daß „uns die wert*bejahende* Gesinnung letztlich immer verborgen bleibt, da wir kaum je ernstlich ausmachen können, welches nun die wirklich maßgebenden Wertrichtungen einer Person sind"[1], während die wert*verneinende* Gesinnung im Bereich des sozialethischen Minimums sehr wohl erfahrbar sei[2].

Obwohl Schmidhäusers Untersuchung nur den Gesinnungsmerkmalen im Strafrecht gewidmet ist, enthält sie allgemeine Ergebnisse, die jede Theorie einer Beweiswürdigung „ethischer Sachverhalte" berücksichtigen muß. Wenn die Gewissensentscheidung des Kriegsdienstverweigerers als ethischer Sachverhalt definiert wird, unterliegt die Beweiswürdigung in Kriegsdienstverweigerungsfällen Schmidhäusers Verdikt, daß die wertbejahende Gesinnung injustitiabel sei. Das Verstehen als Erkenntnisleistung des Richters erreicht diesen Sachverhalt nicht.

Eine Umschau unter zwei neueren Darstellungen der Hermeneutik (Gadamer und Habermas) bestätigt Schmidhäusers Ergebnisse.

Dilthey hatte dem geisteswissenschaftlichen Verstehen eine Objektivität zugeschrieben, die den Geisteswissenschaftler in die Lage versetzt, selbst in solche Bereiche fremden Erlebens vorzudringen, die dem eigenen Erleben verschlossen bleiben. „Die Möglichkeit, in meiner eigenen Existenz religiöse Zustände zu erleben, ist für mich wie für die meisten heutigen Menschen eng begrenzt. Aber indem ich die Briefe und Schriften Luthers, die Berichte seiner Zeitgenossen, die Akten der

---
[1] S. 78.
[2] Vgl. das Referat über *Schmidhäusers* Ansatz oben II 2 b aa.

IV. Zur Beweiswürdigung im Anerkennungsverfahren

Religionsgespräche und Konzilien wie seines amtlichen Verkehrs durchlaufe, erlebe ich einen religiösen Vorgang von einer solchen eruptiven Gewalt, von einer solchen Energie, in der es um Leben und Tod geht, daß er jenseits jeder Erlebnismöglichkeit für einen Menschen unserer Tage liegt. Aber nacherleben kann ich ihn[3]."

Diltheys emphatische Hoffnung, er könne das fremde Gewissen auch dann nacherleben, wenn er selbst keine vergleichbare Gewissensentscheidung getroffen habe, wenn sein eigener Horizont des Erlebens objektiv transzendiert werden müsse, beflügelt die Beweiswürdigung der Richter, die über das Gewissen des Pazifisten zu befinden haben, ohne selbst jede Gewaltanwendung für gewissenswidrig zu halten. Sie erwarten von dem Gespräch mit dem Kriegsdienstverweigerer, wenigstens einen Schimmer jener eruptiven Gewalt nacherleben zu können, die das traditionelle protestantische Verständnis Luthers Religiosität fälschlich[4] zuschreibt.

Nicht erst die Empiristen[5], sondern schon die Hermeneutik selbst haben Diltheys Hoffnung als objektivistischen Schein entlarvt.

Diltheys Einfühlungstheorie erstrebt — ähnlich wie die experimentelle Methode der Naturwissenschaften — die „methodische Erhebung über die subjektive Zufälligkeit des eigenen Standorts"[6]. Das selbstgereinigte Subjekt gefährdet durch das Nacherleben nicht die eigene Identität. Darin ähnelt es dem unbeteiligten Beobachter des naturwissenschaftlichen Experiments. Diltheys Objektivitätsanspruch ist entweder aus „seiner halben Negation und seiner halben Affirmation von Hegels Philosophie des Geistes"[7] oder aus der Übertragung des naturwissenschaftlichen Objektivitätsideals auf die Geisteswissenschaften[8] zu erklären.

Der Objektivitätsanspruch steht und fällt mit dem Abbildmodell der Wahrheit, welches die Hermeneutik schon deshalb nicht aufrechterhalten kann, weil sie aus dem Zirkel des Verstehens nicht hinaus, sondern in ihn hinein will. Die subjektiven Vorurteile sind nicht Behinderung, sondern Bedingung der Möglichkeit des Verstehens. Verstehen ist Verständigen und nicht: sich in einen anderen versetzen[9]. Hermeneutisches Verstehen hat dort keinen Platz, wo dem Subjekt die Rolle des Be-

---

[3] *Dilthey*, S. 266.
[4] *Ernst Wolf*, Vom Problem des Gewissens in reformatorischer Sicht, S. 81 ff.
[5] z. B. *Albert*, Traktat, S. 134 ff.
[6] *Gadamer*, S. 223.
[7] *Gadamer*, S. 227.
[8] *Habermas*, Erkenntnis und Interesse, S. 226 ff.
[9] *Gadamer*, S. 361.

obachters zugeschrieben wird, also im therapeutischen Gespräch oder in der richterlichen Vernehmung[10].

Im hermeneutischen Sinn sind die Fragen des Richters unecht. Objektivität des Verstehens ist nur möglich im Kommunikationszusammenhang von Mitspielern, nicht dagegen zwischen Subjekt und Gegenspieler. Aber auch diese Objektivität erfüllt nicht die Erwartung, die der Positivismus an die Beobachtung knüpft[11].

Hermeneutisches Verstehen liefert nicht die gesuchte Theorie der Beweiswürdigung im Gesinnungsprozeß.

Noch so viel Verständnis des Richters erreicht niemals die Verständigung zwischen den Gesprächspartnern, die beide in Wahrheit von ihrem jeweiligen Sinnhorizont keinen Deut abweichen wollen. Durch alle Fragen hindurch, die im besten Fall die Aura des echten Gesprächs simulieren, zielt der Richter in Wahrheit allein auf die eine gesetzlich gestellte, mit ja oder nein zu beantwortende Beweisfrage.

Die Gesprächsbereitschaft des Kriegsdienstverweigerers ist nicht weniger erzwungen. Er geht auf das Sprachspiel des echten Gesprächs ein, um sich den Gepflogenheiten anzupassen. Er muß vor jeder Antwort überlegen, wie die Frage wohl mit der Beweisfrage zusammenhänge und welche Schlüsse aus seinen Antworten zu ziehen seien. Er zieht sich hinter den Panzer einer prozessualen Strategie zurück. Er weiß natürlich, daß diejenige Strategie die beste ist, die als solche unsichtbar bleibt. Wenn der Richter ihn gegen alle Prozeßgewohnheit zum Sitzenbleiben bei der Vernehmung auffordert (was Richter manchmal tun, um das hermeneutische Klima aufzubessern), wird der strategisch geschulte Kriegsdienstverweigerer adäquat reagieren: Er wird die Aufforderung nicht als eine Nötigung dessen, der das Sagen hat, befolgen — was der objektiven Situation entspräche —, sondern mit der Selbstverständlichkeit des gleichberechtigten Gesprächspartners Platz nehmen.

Eine hermeneutische Situation besteht zwischen den Gesprächspartnern nur insofern, als sie von beiden aus strategischen Gründen einander vorgegaukelt wird. Nicht die Gewissensentscheidung, sondern der Verlauf des gemeinsamen, auf beiden Seiten unaufrichtigen Anpassungsspiels entscheidet über den Prozeßausgang.

---

[10] *Gadamer*, S. 363; S. 344 ff.
[11] *Habermas*, Erkenntnis und Interesse, S. 226 ff.

IV. Zur Beweiswürdigung im Anerkennungsverfahren

2. Methodologisches Problem der Beweiswürdigung

a) Voraussetzungen des Problems

In der Definition des Bundesverfassungsgerichts erwies sich das Gewissen als ein sittlicher Sachverhalt, der in Übereinstimmung mit bestimmten metaphysischen Systemen beschrieben wurde. Mit der Definition des Gewissens als eines Tatbestandsmerkmales war aber nur die erste Stufe einer Rechtsanwendung überschritten. Ungeklärt blieb noch, wie eine weitere Stufe — die der richterlichen Sachverhaltsfeststellung — zu nehmen sei.

Bisher ergab sich lediglich, daß diese letzte Stufe der Rechtsanwendung nicht schon durch den allgemeinen Hinweis auf die richterliche Erfahrung im weitesten Sinne zu überschreiten sei. Dieser Hinweis gab keine Rechenschaft darüber, wie denn richterliche Erfahrung mit ethischen oder noch allgemeiner: mit metaphysischen Sachverhalten fertig werden könne. Diese Frage soll nun beantwortet werden.

Über weite Strecken einer positivistisch-erfahrungswissenschaftlichen Tradition glaubte man, Sätze mit metaphysischem Gehalt seien überhaupt sinnlos, da sie sich nicht an der unmittelbaren Erfahrung ausweisen könnten[1].

Die behauptete Sinnlosigkeit hinderte die zeitgenössischen Vertreter einer neuen Metaphysik aber keineswegs, sich zur Legitimation ihrer Aussagen ebenfalls auf ihre Erfahrung zu berufen, die eben nur im Gegensatz zur positivistisch verkürzten Erfahrung nicht restringiert und nicht kanalisiert sei.

Der affirmative Hinweis auf die Erfahrung, genauer: auf das in der Erfahrung unmittelbar Gegebene, führt keinen Schritt weiter. Statt einer der streitenden Parteien recht zu geben, entdeckte die spätere Wissenschaftstheorie frappierende Gemeinsamkeiten zwischen ihnen. Ob nun Natur oder Geist durch den Mund der unmittelbaren Erfahrung sprechen sollte, jedenfalls wurde „die Reflexion auf die subjektive Bedingtheit dieser Objektivität vermieden"[2].

In der Geschichte der Erfahrungstheorie nimmt der juristische Gebrauch des Wortes Erfahrung einen besonderen Platz ein. Das Affirmative dieses Gebrauchs weist ihm einen Platz in einem frühen Stadium des Methodenbewußtseins zu. Das Ungeschiedene seines Gebrauchs, das darin liegt, daß die Analogien der Wahrnehmung bei Engisch auf der einen Seite und die Werterfahrung bei Schmidhäuser auf der anderen

---

[1] Vgl. die Übersicht bei *Albert*, Ethik und Metaethik.
[2] *Jonas*, S. 334. Ich halte Jonas' Vorwurf gegen die dialektische Soziologie an dieser Stelle für falsch, da gerade sie die gesellschaftliche Reglementierung der subjektiven Erfahrung reflektiert.

2. Methodologisches Problem der Beweiswürdigung

Seite in einem alle Differenzen aufsaugenden Erfahrungsbegriff Burgfrieden miteinander schließen konnten, weist ihm einen Platz unterhalb jeden Methodenbewußtseins zu. Das Normative seines Gebrauchs schließlich scheint ihm einen Platz zuzuweisen, der gegen jede erfahrungswissenschaftliche Methodologie, gegen jede Erfahrungskritik immunisiert ist.

Solange der juristische Erfahrungsgebrauch diesen besonderen Platz innehat, ist kaum zu erwarten, daß richterliche Beweiswürdigung in irgendeinem denkbaren Fall als problematisch empfunden würde. Probleme kommen überhaupt erst in Sicht, wenn der juristische Gebrauch des Begriffs Erfahrung seinen harmonisierten, sensualistischen und zugleich metaphysischen Standort verläßt.

Wenn in diesem Abschnitt versucht wird, den forensischen Gewissensbeweis als Problem darzustellen, so geschieht dies nicht von dem gesicherten Fundament einer juristischen Erfahrungskritik aus. Da es dieses Fundament noch nicht gibt, geht die Darstellung von einer Methodologie der Tatsachenforschung aus, die zwar schon für den forensischen Gebrauch gilt, gleichwohl von der juristischen Theorie noch nicht rezipiert wurde.

Man muß vorweg danach fragen, was die juristische Tatsachenforschung von einer Methodologie erwarten kann, wenn sogar von den Sozialwissenschaftlern behauptet wird, sie seien von den Methodologen im Stich gelassen worden: „Die Wissenschaftstheoretiker sind an der alltäglichen Arbeit des empirischen Forschers weder interessiert, noch wissen sie darüber Bescheid[3]."

Der Richter wird von einer sozialwissenschaftlichen Methodologie zur Zeit wohl kaum die fertige Lösung seiner forschungspraktischen Probleme erwarten können. Weiterhin wird es auch kaum möglich sein, daß die Richter etwa von einzelnen Disziplinen der empirischen Sozialforschung dort entwickelte und erprobte Forschungsstrategien und Forschungstechnologien übernehmen, da der objektive Rahmen der richterlichen Tatsachenforschung von dem Rahmen jeder anderen empirischen Forschung verschieden ist. Wie eine allgemeine Theorie richterlicher Beweiswürdigung nach der Rezeption der sozialwissenschaftlichen Methodologie aussähe, ist schwer vorauszusagen. Dieses Problem ist aber auch nicht Gegenstand der vorliegenden Arbeit. Die hier gestellte Frage läßt sich gleichwohl auf jener Stufe der Allgemeinheit beantworten, die eine Methodologie einhält.

Ist die Methodologie einer kurzgeschlossenen Konkretisierung in forschungspraktische Anweisungen auch nicht fähig, so wird sie des-

---

[3] *Lazarsfeld*, S. 46.

wegen doch nicht sinnlos. „Methodologische Gesichtspunkte legen teils Standards fest, teils antizipieren sie allgemeine Ziele; beide zusammengenommen legen das Bezugssystem fest, innerhalb dessen die Wirklichkeit methodisch erschlossen wird[4]." Dieses Bezugssystem hat schon vor aller konkreten Forschung die Begriffe Wirklichkeit, Wahrheit und Erfahrung interpretiert.

Über diesen Aspekt der Methodologie sind sich die Parteien des sozialwissenschaftlichen Methodenstreits durchaus noch einig. Nicht allein die dialektische Seite, sondern gerade auch der Kritizismus honoriert diese Erkenntnis durch Reflexion auf den Bezugsrahmen der Forschung. Poppers pessimistischer Schritt von der Verifikation zur Falsifikation wurde nur deshalb nötig, weil er erkannt hatte, daß nicht Theorie durch Wirklichkeit, sondern umgekehrt Wirklichkeit durch Theorie interpretiert werde. Sein Beispiel von der Beobachtung eines Wasserglases[5] machte dies deutlich. Nicht das schlichteste Beobachtungsprotokoll gelingt ohne vorgängige theoretische Interpretation der Wirklichkeit. Zwischen den Beobachter und seinen Gegenstand schiebt sich die Transzendenz der theoretischen Wirklichkeitserwartung. „Es transzendieren also nicht nur die mehr abstrakten, erklärenden Theorien die Erfahrung, sondern auch die gewöhnlichsten Einzelsätze. Denn selbst gewöhnliche singuläre Sätze sind stets *Interpretationen der ‚Tatsachen'* im Lichte von Theorien[6]." Methodologie ist Reflexion auf diese Transzendenz.

Soweit herrscht noch Einigkeit. Der Streit beginnt erst darüber, wie der transzendentale Bezugsrahmen zu gewinnen sei, zu welchem Ergebnis also die Reflexion gelangen könne.

Zur Beantwortung der in dieser Arbeit gestellten Frage reicht allerdings schon die gemeinsame methodologische Basis aus. Es reicht aus zu wissen, daß die Bezugsrahmen der Forschung eine vorgängige Interpretation der Wirklichkeit und der Erfahrung enthalten und daß die Bezugsrahmen voneinander verschieden sein können. Die Frage nach dem Gewissensbeweis soll als Frage nach dem Bezugsrahmen gestellt werden.

Eine Theorie des forensischen Gewissensbeweises muß sich des Bezugsrahmens vergewissern, innerhalb dessen die Beweisfrage gestellt wird, und weiterhin einen Vergleich zu jenem Bezugsrahmen ziehen, innerhalb dessen die Beweisfrage beantwortet wird. Frage und Antwort müssen aus demselben Bezugsrahmen entstammen, weil nur dann

---

[4] *Habermas*, Logik der Sozialwissenschaften, S. 48.
[5] Logik der Forschung, S. 61.
[6] Logik der Forschung, S. 377 f.

eine Gewähr besteht, daß die erfragte Wirklichkeit mit der festgestellten Wirklichkeit übereinstimme.

b) Bezugssystem der Beweisfrage

Die Gewissensdefinition des Bundesverfassungsgerichts verfolgte den applikativen Zweck, die Prüfung der Gewissensentscheidung als Sachverhalt in einem gerichtlichen Verfahren zu ermöglichen. Gegenstand dieses Verfahrens ist die Frage, ob der Antragsteller eine Gewissensentscheidung getroffen hat oder nicht. Wenn sich der Richter eine Überzeugung darüber bilden will, ob eine Gewissensentscheidung vorliegt, muß er zunächst wissen, was eine Gewissensentscheidung ist. Darüber erteilt die Definition des Bundesverfassungsgerichts Auskunft. Sie erläutert und präzisiert die Beweisfrage. Die Beweisfrage wird im Bezugssystem der Gewissensdefinition gestellt[7].

Das Bezugssystem der Gewissensdefinition ist die vom Bundesverfassungsgericht rezipierte idealistische und theologische Tradition. In dieser Tradition steht die Frage nach dem Gewissen im Zusammenhang mit der umfassenderen Frage, was das Bewußtsein von sich und was es von Gott wissen könne. Dieser Zusammenhang enthält eine bestimmte, durch das jeweilige philosophische oder theologische System genau definierte Interpretation der Begriffe Realität, Wahrheit und Erfahrung.

Wenn das Bundesverfassungsgericht bei der Gewissensdefinition die Begriffe „real" und „erfahrbar" verwendet, so sind diese Begriffe allein aus dem System oder dem Systemgemisch zu interpretieren, dem die Definition insgesamt angehört. Keinesfalls ließe sich die umgekehrte Annahme rechtfertigen, welche möglicherweise in der Argumentation des Bundesverfassungsgerichts mitschwingt, daß die Gesamtheit der realen und erfahrbaren Gegenstände vor aller Philosophie und Theologie festliege.

Scheuner hatte zu Recht bemerkt, mit der Gewissensdefinition des Bundesverfassungsgerichts seien alle „psychologisch-soziologischen Deutungen abgewiesen, die das Gewissen nicht aus einer echten sittlichen Autonomie heraus verstehen"[8]. Die von Scheuner gemeinten Disziplinen der Psychologie und Soziologie verfügen ebenso wie alle Systeme, innerhalb derer die „echte sittliche Autonomie" auftritt, jeweils über Begriffe von Wahrheit, Erfahrung und Realität. Auf die Gewissensdeutungen dieser Disziplinen soll es offenbar aber nicht ankommen. Da sie den Begriff der sittlichen Autonomie nicht verwenden, soll es

---

[7] Über die rechtslogische Einordnung der Interpretation: *Engisch*, S. 13 ff.
[8] a.a.O., S. 203.

für das Anerkennungsverfahren nicht darauf ankommen, was sie über Erfahrung und Realität beizutragen haben. Erfahrung und Realität stehen in strenger definitorischer Abhängigkeit von dem jeweiligen theoretischen System. Nichts anderes hatten Popper und Habermas behauptet.

Das Bezugssystem der Beweisfrage kann nicht durch die uninterpretierten Begriffe Erfahrung und Realität gekennzeichnet werden.

Eher wäre zu vermuten, daß der Begriff der sittlichen Autonomie in Verbindung mit einem dialektischen Freiheitsbegriff das Bezugssystem der Gewissensdefinition und damit der Beweisfrage kennzeichne. Gegen diese Vermutung spricht, daß es theoretische Systeme gibt, die zwar eine sittliche Autonomie und einen dialektischen Gewissensbegriff enthalten, gleichwohl aber mit der Gewissensdefinition des Bundesverfassungsgerichts inkompatibel sind.

Das ist bei dem Kantischen Gewissensbegriff zum Beispiel der Fall. Kants Begriff der sittlichen Autonomie hat wahrscheinlich den stärksten Einfluß auf die Geschichte dieses Begriffs gehabt. Dem Kantischen Gewissensbegriff ist gewiß nicht nachzusagen, ihm fehle der Bezug auf die „echte sittliche Autonomie". Gleichwohl verbietet Kants Gewissensapriorismus die Beschreibung des Gewissens als „reale Erfahrung". Zwar muß sich der Mensch den inneren Richter als „wirkliche oder bloß idealische Person" denken, aber diese Vorstellung ist eine Leistung der Vernunft, nicht der Erfahrung[9]. Für Kant ist die reine praktische Vernunft ebenso von der Erfahrung unterschieden wie die von ihm paradigmatisch gebrauchte Unterscheidung der Fragen quid juris und quid facti[10].

Die Vermutung, es sei der Begriff der sittlichen Autonomie, der das Bezugssystem der verfassungsgerichtlichen Gewissensdefinition kennzeichne, läßt sich nicht exakt und widerspruchsfrei bewahrheiten. Gleichwohl hat diese Vermutung unter allen Versuchen, diesem Bezugssystem nahezukommen, das meiste für sich.

Daß sich über den Begriff der sittlichen Autonomie im Gebrauch des Bundesverfassungsgerichts nur Vermutungen anstellen lassen, ist im Vorgehen des Bundesverfassungsgerichts begründet. Der Rekurs auf den allgemeinen Sprachgebrauch sollte die Frage nach den dahinterstehenden philosophischen und theologischen Systemen überflüssig machen. Es ist der Grundwiderspruch des gerichtlichen Vorgehens, daß es eine Definition hervorbrachte, die philosophisch bzw. theologisch war, ohne sich als solche zu verstehen. Die Definition leidet deshalb

---

[9] Metaphysik der Sitten, S. 290.
[10] Kr. d. r. V., A 84.

unter einem Systemsynkretismus, der die exakte Zurückführung auf ein bestimmtes oder mehrere bestimmte Systeme methodisch verhindert. Synkretistisch ist die Definition insofern, als sie auf der irrigen Annahme beruht, als ließen sich alle idealistischen und theologischen Autonomie- und Gewissenslehren auf einen gemeinsamen Begriff bringen.

Wer nach dem Bezugssystem der Definition fragt, kann deshalb nur eine ebenso synkretistische Antwort erhalten. Sie lautet: Das Bezugssystem der verfassungsgerichtlichen Gewissensdefinition ist das, was man unter der Überschrift „idealistische Bewußtseinsphilosophie" zusammenfaßt. „Realität" und „Erfahrung" sind definiert im System von Bewußtsein, Vernunft und Gott. Ihre Wahrheit ist die Gewißheit, die das Bewußtsein von sich selbst hat.

c) Bezugssystem der Beweiswürdigung

In der Beweiswürdigung beantwortet der Richter die gestellte Beweisfrage. Die Beweiswürdigung ist die Feststellung des in der Beweisaufnahme zum Vorschein gebrachten Sachverhalts. Die Frage quid facti wird in dem Bezugssystem des von den Gegenständen der Außenwelt[11] möglichen Wissens beantwortet.

Der prozeßrechtliche Sprachgebrauch bezeichnet die Gesamtheit des von den Gegenständen der Außenwelt möglichen Wissens als Erfahrung. Dieser Sprachgebrauch erwies sich deshalb als ungenau, weil er keine Reflexion darüber enthält, unter welchen theoretischen Bedingungen der Richter seine Erfahrungen macht. Die Reflexion auf den theoretischen Rahmen der Erfahrung zeigte sich aber als unumgänglich, weil es eine von der Theorie unabhängige Erfahrung nicht gibt.

Einen sehr allgemeinen theoretischen Rahmen richterlicher Erfahrung bildet das dem Richter gesetzlich auferlegte Erkenntnisinteresse, welches ausschließlich auf Gegenstände der Außenwelt gerichtet ist. Das Thema der richterlichen Erfahrung sind nicht die idealistischen

---

[11] Die fremde intentionale Handlung wird in der juristischen Dogmatik in einen objektiven (physischen) und einen subjektiven (intentionalen) Teil aufgespalten. Der intentionale Teil, die Sinnsphäre, wird häufig als „Innenwelt" bezeichnet. Das Begriffspaar innen — außen bezeichnet eine räumliche Beziehung des Beobachters zu seinem Gegenstand. Innen ist der Gegenstand, wenn er sich in demselben Raum befindet wie der Beobachter, außen ist er in einem anderen Raum als der Beobachter. Beobachter der Gegenstände ist für einen prozessualen Sprachgebrauch in erster Linie der Richter. Für ihn ist nur das eigene Bewußtsein Innenwelt. Alle physischen und fremdpsychischen Gegenstände sind für ihn Gegenstände der Außenwelt. „Außenwelt ist der Inbegriff der Außendinge als der vom beseelten Körper des Wahrnehmenden unterschiedenen Körper mit ihren Eigenschaften und Vorgängen an ihnen." *Eislers* Handwörterbuch der Philosophie, S. 76.

Gewißheiten, „derer wir im Denken habhaft werden können, sondern das Wissen, das uns von den Sachen der Außenwelt möglich ist"[12].

So allgemein dieses Bezugssystem zu sein scheint, so ist es doch folgenreich. Es enthält trotz seiner Allgemeinheit schon eine Theorie dessen, was Wahrheit, Realität und Erfahrung nur noch ausmachen kann. Es bricht die „Parusie des Absoluten"[13], es beendet für sich die spekulative Subjekt-Objekt-Beziehung des Idealismus, es operationalisiert den Erfahrungsbegriff und definiert den Begriff der Metaphysik neu[14].

Die Konsequenzen dieses Bezugssystems interessieren hier aber nur, soweit sie etwas über die Beweiswürdigung des Gewissens ergeben. Das Bundesverfassungsgericht hatte im Bezugssystem der idealistischen und theologischen Reflexion behauptet, das Gewissen sei Gegenstand der eigenen Erfahrung. Es hatte das Gewissen als ethischen Sachverhalt definiert. Eine Theorie der Beweiswürdigung muß fordern, daß ein ethischer Sachverhalt prinzipiell aus der Fremdsprache der Selbstreflektion in die eigene Sprache des von der Außenwelt möglichen Wissens übersetzbar sei. Zunächst ist daran zu erinnern, worin das Problem der Übersetzung *nicht* liegen kann: Bestimmte Erscheinungsformen eines strengen Positivismus erklären alle ethischen Aussagen insgesamt für sinnlos, da sie sich „der Erfahrung und damit der wissenschaftlichen Erkenntnis grundsätzlich entziehen"[15]. Dieser Rigorismus ist nur dem möglich, der die Verifikation von Aussagesätzen an der Erfahrung uneingeschränkt voraussetzt.

Die kritizistische Methodologie, die ohnehin nicht an die Möglichkeit uninterpretierter Erfahrung glauben kann, mußte die Erfahrung als Abgrenzungskriterium zwischen Wissenschaft und Metaphysik aufgeben. Die neue Grenze zwischen Metaphysik und Wissenschaft kann nicht anders verlaufen als die Grenze zwischen sinnlosen und sinnvollen Sätzen[16]. Die Grenze wird durch das Prinzip von Falsifikation und Bewährung gezogen. Metaphysische Sätze sind nicht-falsifizierbare Sätze.

Der Kritizismus leugnet also nicht die prinzipielle Möglichkeit, daß sich die Sätze der Ethik in das Bezugssystem des von der Außenwelt möglichen Wissens übersetzen lassen. Aber ebensowenig wie sich die Behauptung eines ethischen Sachverhalts durch die positivistische Erfahrung leugnen läßt, kann sie sich auf die affirmative wertphiloso-

---
[12] *Jonas*, S. 333.
[13] *Jonas*, S. 334.
[14] *Popper*, Logik der Forschung, S. 222.
[15] *Albert*, Ethik und Meta-Ethik, S. 33, der diese Erscheinungsformen unter dem Begriff „Reduktionismus" zusammenfaßt.
[16] *Popper*, Logik der Forschung, S. 25 Anm. 6; S. 222; *Jonas*, S. 337; *Albert*, Ethik und Meta-Ethik, S. 59.

2. Methodologisches Problem der Beweiswürdigung

phische Erfahrung zurückziehen[17]. Sinnvoll ist die Behauptung erst, wenn sie sich in einem wissenschaftlich angebbaren Sinn bewährt[18].

Das Problem der Übersetzung soll an zwei Übersetzungsversuchen diskutiert werden: *Hans Alberts* Meta-Ethik und *Peter Schneiders* Freiheitsvermutung.

Hans Albert ist der Frage nachgegangen, in welcher Weise sich ethische Systeme im Bezugssystem der Wissenschaft von der Außenwelt bewähren können[19]. Alberts Ausgangspunkt ist der gemeinsame wissenschafts-theoretische Ansatz von kritischer Moralphilosophie und kritischer Wissenschaft. Wie alle Theorien grundsätzlich nur hypothetischen Charakter haben und ihre Stabilität operational noch unter Beweis stellen müssen, so können auch ethische Dogmen gleich welcher Art und Herkunft für die kritische Moralphilosophie grundsätzlich nur den Charakter von Vorschlägen besitzen. Diese Vorschläge müssen diskutiert werden. In der Diskussion ist das ethische System Gegenstand, also das Objekt, nicht der Maßstab der Betrachtung. Wer ein kritisches Urteil über eine Ethik abgeben will, muß sich zunächst einmal ihrem dogmatischen Anspruch entziehen. Ebenso wie die Logiker zwischen Objektsprache und Metasprache unterscheiden, um „*in* einer Sprache *über* eine Sprache"[20] reden zu können, muß die kritische Moralphilosophie Ethik und Meta-Ethik unterscheiden. Ethisch ist die dogmatische Sprache, die sich den Irrationalismen, Intuitionen und Evidenzen einer totalitär sich gebärdenden inneren oder äußeren Instanz beugt; meta-ethisch ist die kritische Sprache, die sich allein mit Hilfe ihrer Meta-Methode aus den Zwängen befreit hat und die Bewährbarkeit ethischer Systeme mit kühlem Kopf zu überprüfen beginnt. Albert fragt, *was* sich an ethischen Systemen bewähren könne und *woran* die Bewährung gemessen werden solle. Die Antwort auf beide Fragen ist schon durch den universalen Zusammenhang von Meta-Ethik und Wissenschaft vorentschieden. „Nicht die Quelle irgendwelcher moralischer Prinzipien", also nicht die Realität Gottes oder die Postulate der praktischen Vernunft werden untersucht, „sondern ihre Auswirkung auf das soziale Leben"[21]. Ethik fragt nach dem höchsten Bestimmungsgrund, Meta-Ethik nach der empirischen Funktion, nach den empirischen „Konsequenzen für das menschliche Leben"[22] der Moral[23].

---

[17] „Auch die ethische Tradition kann nur als Quelle für mögliche moralische Auffassungen, nicht aber als Rechtfertigungsinstanz anerkannt werden." Albert, Ethik und Meta-Ethik, S. 58.
[18] a.a.O., S. 59.
[19] Ethik und Meta-Ethik.
[20] a.a.O., S. 29.
[21] a.a.O., S. 59.
[22] a.a.O., S. 60.
[23] Ein meta-ethischer Ansatz dieser Art findet sich bisher in zwei juristi-

IV. Zur Beweiswürdigung im Anerkennungsverfahren

Nicht nur der Gegenstand der Meta-Ethik, auch ihre Kriterien ergeben sich aus ihrem Zusammenhang mit Wissenschaft. Ebenso wie Wissenschaft auf die (moralische) Festsetzung von Falsifikationskriterien angewiesen ist, für die sich eine qualifizierte Mehrheit unter den Wissenschaftlern finden lassen muß, unterliegen die Bewährungskriterien der Meta-Ethik der menschlichen Entscheidung.

Albert weiß auch schon, wofür die Menschheit sich entscheiden wird. „Jedenfalls wird man bei der Festsetzung eines Kriteriums für die Bewährung ethischer Systeme die Befriedigung menschlicher Bedürfnisse, die Erfüllung menschlicher Wünsche, die Vermeidung unnötigen menschlichen Leidens, die intrasubjektive und intersubjektive Harmonisierung menschlicher Bestrebungen usw. in den Vordergrund stellen müssen, auf alle Fälle Tatbestände, die sich auf Grund menschlicher Erfahrungen kontrollieren lassen[24]." Meta-Ethik hat diese Kontrolle in einer wertfreien, informativen Sprache zu leisten. Sie hat außerdem alternative Vorschläge zu entwerfen, die die vorhandenen ethischen Systeme ergänzen könnten.

Alberts Ansatz ist in mancher Hinsicht problematisch. Sofern Meta-Ethik in den Dienst ethischer Festsetzungen genommen wird, verfährt sie selbst ethisch. Der Begriff der Funktion bei Albert ist selbst kein wertfreier Begriff, denn in ihm ist die Erreichung eines Zieles mitgedacht, das nur moralisch bestimmt werden kann, wie Albert selbst einräumt[25]. In dem Schritt von der Ethik zur Meta-Ethik drückt sich die Hoffnung aus, der Wissenschaftler könne sich und die Bedingungen seines Denkens zur kritischen Diskussion stellen, ohne sich auf den

---

schen Arbeiten über das Gewissensproblem. *Niklas Luhmann* (AöR 90, S. 257 ff.) stellt zunächst die Inkompatibilität der „vorherrschenden geisteswissenschaftlich-wertethischen Betrachtungsweise" und der „wirklichkeitswissenschaftlichen Orientierung" fest, freilich nicht, um wie *Scheuner* (a.a.O., S. 203 Anm. 13) die Gewissensdefinition des Bundesverfassungsgerichts zu bestätigen, sondern um mit einer funktionalistischen Gewissensinterpretation ernst zu machen. Diese sein nur wirklichkeitswissenschaftlich möglich (S. 258).

Podlech (Das Grundrecht der Gewissensfreiheit und die besonderen Gewaltverhältnisse) fordert von jeder Gewissensdefinition zunächst die Angabe des Erkenntniszieles, damit eine methodische Kontrolle über die Definition ausgeübt werden könne. Streng zu trennen sei „zwischen Gewissen als Kenntnis oder Vorhandensein einer Wertnorm und Gewissen als funktioneller Stellungnahme in einer Konfliktsituation" (S. 22 Anm. 18). Die methodische Kontrolle des Vorgehens soll das begriffsrealistische Vorverständnis vom Gewissen ablösen. *Podlech* reflektiert den Einfluß der Erkenntnismethode auf den Erkenntnisgegenstand.

Das Methodenbewußtsein bei *Luhmann* und *Podlech* hat wichtige Konsequenzen: *Luhmann* wendet sich von einem metaphysischen Gewissensbegriff ab und *Podlech* interpretiert das Grundrecht auf Gewissensfreiheit, ohne dabei das Gewissen selbst zu definieren.

[24] a.a.O., S. 59.
[25] a.a.O., S. 62.

2. Methodologisches Problem der Beweiswürdigung

Zirkel einer transzendentalen Fragestellung einlassen zu müssen. Aber, wie jede Sprache gleichzeitig ihre oberste Metasprache ist[26], so ist auch jede Ethik ihre letzte Meta-Ethik.

Albert beweist diese Behauptung selbst durch die Beispiele für seine Kriterien. Er will ein ethisches System empirisch daraufhin untersuchen, ob unter seiner Geltung z. B. menschliche Wünsche erfüllt werden. Er übersieht, daß die menschlichen Wünsche nicht unabhängig von der geltenden Ethik formuliert werden können. Bevor Albert seine Untersuchung beginnen kann, hat die Gesellschaft ihren Mitgliedern schon den Wunsch auferlegt, an dem Albert empirisch kontrollieren will, ob er ethisch auferlegt werden soll. Man könnte den Zirkel so zusammenfassen: In der traditionellen Ethik garantiert das Postulat der Freiheit das Funktionieren der liberalen Gesellschaft. Bei Albert garantiert das Funktionieren der liberalen Gesellschaft das ethische Postulat der Freiheit.

Ein Gegenstück zu Alberts Meta-Ethik bildet Schneiders Freiheitsvermutung: „Ob der Mensch frei, das heißt in der Lage ist, sich selbst zu bestimmen, ... kann im Sinne der theoretischen Annahme nicht ausgemittelt werden. Die Annahme, daß er es ist, entspringt einem Sollen, einem Postulat der praktischen Vernunft, einem solchen, dessen Denknotwendigkeit sich daraus erhellt, daß mit ihm die Möglichkeit, den Menschen als geistiges Wesen zu erfassen, steht und fällt[27]."

Wie weit das Postulat reicht, zeigt erst die aus dem Postulat hergeleitete Vermutung, „daß der Mensch in Freiheit sich aller Wahrscheinlichkeit nach ‚rechtmäßig' verhalten werde. Das ist eine schlichte Tatsachenvermutung (!), die in immer neuer Bemühung erhärtet werden muß durch psychologische und soziologische Tatsachenforschung"[28].

Wie Albert geht es Schneider um die Übersetzung von apriorischer Vernunft in aposteriorische Rationalität. Während Albert die Ethik in den Dienst der Empirie nehmen will (also Empirie als Meta-Etihk), versucht Schneider umgekehrt, die Empirie in den Dienst der Ethik zu stellen (also Ethik als Meta-Empirie). Beide verfahren insofern zirkulär, als es ihnen nicht gelingt, einen Begriff von Empirie aus seiner normativen Umgebung zu isolieren. Alberts „menschliche Wünsche" sind ebensowenig unabhängig von gesellschaftlichen Normen wie Schneiders „rechtmäßiges Verhalten". Was als rechtmäßiges Verhalten zu gelten hat, ist durch die liberal sich verstehende Gesellschaft schon

---

[26] *Apel*, Die Entfaltung der „sprachanalytischen" Philosophie, S. 245; *Habermas*, Erkenntnis und Interesse, S. 213.
[27] Verfassungsinterpretation, S. 24.
[28] in dubio pro libertate, S. 269.

festgelegt, deren liberales Ethos ihr eigenes rechtmäßiges Verhalten beweisen soll.

Beide Ansätze faszinieren insofern, als sie das Unmögliche möglich machen wollen. So problematisch diese Übersetzungsversuche auch sein mögen, zeigen sie doch deutlich die Grenzen der Übersetzbarkeit auf. Albert enthält sich der Frage, ob der Mensch sittlich autonom sei, denn die Bewährung ethischer Aussagen kann schwerlich in der Bestätigung der in ihr enthaltenen Behauptungen liegen. Der Kritizismus könnte nur danach fragen, welche Auswirkungen die Freiheitsidee auf die Gesellschaft hat. Die Frage, ob die Kriegsdienstverweigerung autonom oder heteronom bestimmt sei, kann der Kritizismus nicht stellen, weil er schon die Prämissen dieser Frage für wissenschaftlich sinnlos halten muß.

Schneider treibt seinen Übersetzungsversuch aber auch nicht so weit, daß dieser Versuch die Beweiswürdigung berühren könnte. Er dringt zwar bis zur Beweislastverteilung vor[29], überläßt aber gleichzeitig dem Richter die Beweiswürdigung als einen freien Raum zur empirischen Tatsachenforschung. Konkreter als auf der allgemeinen Stufe der Vermutung will er den Übersetzungsversuch nicht formulieren. Die Vermutung soll dort ihre Wirkung entfalten, wo die konkretere Tatsachenforschung versagt. Schneider setzt stillschweigend voraus, daß die Tatsachenforschung in Kriegsdienstverweigerungsfällen prinzipiell gelingen kann. Er würde sich nicht zur Beweislast äußern, wenn er die Beweiswürdigung nicht für möglich hielte. Wenn in der vorliegenden Arbeit nach der Möglichkeit der Beweiswürdigung gefragt wird, so bewegt sich die Frage in dem von Schneider freigelassenen Raum.

d) Dissonanz der Systeme

Der Versuch, den Begriff der sittlichen Autonomie in das Bezugssystem der Beweiswürdigung zu übersetzen, kann nicht gelingen. Ebenso wie die sittliche Autonomie im Bezugssystem der Beweiswürdigung eine irreale Größe ist, muß das Gewissen als Leistung der sittlichen Autonomie in diesem System im Dunkel der Metaphysik verborgen bleiben.

Mit derselben Selbstverständlichkeit, mit der sich das Bundesverfassungsgericht bei seiner Gewissensdefinition über die empirische Forschung hinwegsetzte, muß sich die richterliche Tatsachenfeststellung als empirische Forschung über den Gewissensbegriff des Bundesverfassungsgerichts hinwegsetzen.

---

[29] in dubio pro libertate, S. 277 Anm. 46 a.

2. Methodologisches Problem der Beweiswürdigung

Im Prozeß des Kriegsdienstverweigerers treffen zwei Traditionen dissonant zusammen, innerhalb derer das Bundesverfassungsgericht das Gewissen definierte, und eine empirische Wissenschaft von den Gegenständen der Außenwelt, innerhalb derer das Gewissen allein nachgeprüft werden kann.

Diese Dissonanz hat die Injustitiabilität des Gewissens zur Folge. Die Beweisfrage des Richters wird in einem anderen Bezugssystem von Erfahrung und Wahrheit gestellt, das von dem System der möglichen Antwort methodologisch völlig verschieden ist. Gefragt wird im Bezugssystem der Noumena, geantwortet im System der Phaenomena.

Literaturverzeichnis

Adorno, Theodor W. u. a.: Der Positivismusstreit in der deutschen Soziologie, Neuwied und Berlin 1969

Albert, Hans: Ethik und Meta-Ethik, in: Archiv für Philosophie, Band 11 (1961), S. 28 ff.

— Traktat über kritische Vernunft, Tübingen 1968

Apel, Karl-Otto: Die Entfaltung der „sprachanalytischen" Philosophie und das Problem der „Geisteswissenschaften", in: Philosophisches Jahrbuch, 72. Jahrgang (1965), S. 240 ff.

Bernhardt, Wolfgang: Das Zivilprozeßrecht, 3. Aufl., Berlin 1968

Blomeyer, Arwed: Beweislast und Beweiswürdigung im Zivil- und Verwaltungsprozeß, Gutachten für den 46. Deutschen Juristentag, in: Verhandlungen des 46. Deutschen Juristentages, Band I, Teil 2 A, München und Berlin 1966

— Zivilprozeßrecht, Berlin, Göttingen, Heidelberg 1963

Bockelmann, Paul: Strafrichter und psychologischer Sachverständiger, in: Goldtammer's Archiv für Strafrecht, Jahrgang 1955, S. 321 ff.

Bohne, Gotthold: Zur Psychologie der richterlichen Überzeugungsbildung, Köln 1948

Bonner Kommentar: Kommentar zum Bonner Grundgesetz, bearbeitet von H. J. Abraham u. a., Hamburg 1950 ff. (Stand 1969)

Brinkmann, Karl: Grundrecht und Gewissen im Grundgesetz, Bonn 1965

— (Hrsg.): Grundrechts-Kommentar zum Grundgesetz, Bonn 1967

— Grundlegung der Rechtsphilosophie, Allgemeine Wertphilosophie, Bonn 1960

Bruns, Rudolf: Zivilprozeßrecht, Berlin und Frankfurt 1968

Carnap, Rudolf: Der logische Aufbau der Welt, 2. Aufl., Hamburg 1961

— Einführung in die Philosophie der Naturwissenschaft, München 1969

— Scheinprobleme in der Philosophie, Frankfurt 1966

Cramer, Wolfgang: Gottesbeweise und ihre Kritik. Prüfung ihrer Beweiskraft, Frankfurt 1967

Diemer, Alwin und Ivo *Frenzel* (Hrsg.): Das Fischer Lexikon Philosophie, Frankfurt 1967

Dilthey, Wilhelm: Der Aufbau der geschichtlichen Welt in den Geisteswissenschaften, Frankfurt 1970

Döhring, Erich: Die Erforschung des Sachverhalts im Prozeß, Berlin 1964

Eicke, Dieter: Das Gewissen und das Über-Ich. Eine psychoanalytische Orientierung, in: Das Gewissen als Problem, hrsg. von N. Petrilowitsch, Darmstadt 1966, S. 65 ff.

Ekelöf, Olof: Beweiswürdigung, Beweislast und Beweis des ersten Anscheins, in: ZZP 75 (1962), S. 289 ff.

Engisch, Karl: Logische Studien zur Gesetzesanwendung, 3. Aufl., Heidelberg 1963

Eyermann-Fröhler: Verwaltungsgerichtsordnung, Kommentar, 4. Aufl., München, Berlin 1965

Gadamer, Hans-Georg: Wahrheit und Methode, 2. Aufl., Tübingen 1965

Geißler, Heinrich: Das Recht der Kriegsdienstverweigerung nach Art. 4 Abs. III des Grundgesetzes, Diss., Tübingen 1960

Habermas, Jürgen: Erkenntnis und Interesse, Frankfurt 1968

— Zur Logik der Sozialwissenschaften, in: Beiheft 5 der Philosophischen Rundschau, 1967

— Technik und Wissenschaft als „Ideologie", Frankfurt 1968

— Analytische Wissenschaftstheorie und Dialektik. Ein Nachtrag zur Kontroverse zwischen Popper und Adorno, in: Logik der Sozialwissenschaften, hrsg. von E. Topitsch, 4. Aufl., Köln, Berlin 1967, S. 291 ff.

Hainmüller, Dietmar: Der Anscheinsbeweis und die Fahrlässigkeit im heutigen deutschen Schadensersatzprozeß, Tübingen 1966

Hamann, Andreas: Das Grundgesetz. Ein Kommentar, Neuwied und Berlin 1961

Hartmann, Nicolai: Grundzüge einer Metaphysik der Erkenntnis, 4. Aufl., Berlin 1949

Hegel, G. W. F.: Phänomenologie des Geistes (Moldenhauer und Michel), Frankfurt 1970

— Vorlesungen über die Beweise vom Dasein Gottes (Lasson), Hamburg 1966

Heinemann, Gustav: Anmerkung zum Beschluß des Bundesverfassungsgerichts vom 20. 12. 1960, in: NJW 1961, S. 355 ff.

Henke, Horst-Eberhard: Die Tatfrage = Schriften zum Prozeßrecht, Band 1, Berlin 1966

Henrich, Dieter: Der ontologische Gottesbeweis. Sein Problem und seine Geschichte in der Neuzeit, Tübingen 1960

Hirsch, Emanuel: Die Umformung des christlichen Denkens in der Neuzeit, Tübingen 1938

Hofstätter, Peter R (Hrsg.): Das Fischer Lexikon Psychologie, Frankfurt 1966

Horkheimer, Max und Theodor W. *Adorno:* Dialektik der Aufklärung, Amsterdam 1947

Jonas, Friedrich: Logik der Sozialwissenschaften, in: Der Staat, Band 7 (1968), S. 329

Kambartel, Friedrich: Erfahrung und Struktur. Bausteine zu einer Kritik des Empirismus und Formalismus, Frankfurt 1968

Kant, Immanuel: Grundlegung zur Metaphysik der Sitten (Vorländer), Hamburg 1965

— Kritik der praktischen Vernunft (Vorländer), Hamburg 1967

— Kritik der reinen Vernunft (Raymund Schmidt), Hamburg 1965

Kant, Immanuel: Metaphysik der Sitten (Vorländer), Hamburg 1959

Klug, Ulrich: Juristische Logik, 3. Aufl., Berlin, Heidelberg, New York 1966

Kollhosser, Helmut: Der Anscheinsbeweis in der höchstrichterlichen Rechtsprechung — Entwicklung und aktuelle Bedeutung —, Diss., Mainz 1963

König, René: Soziologische Orientierungen, Köln, Berlin 1965

Krüger, Herbert: Allgemeine Staatslehre, Stuttgart 1969

Kuchinke, Kurt: Freiheit und Bindung des Zivilrichters in der Sachaufklärung, in: Freiheit und Bindung des Zivilrichters in der Sachaufklärung, Arbeiten zur Rechtsvergleichung, Band 30, Frankfurt, Berlin 1966, S. 15 ff.

Larenz, Karl: Methodenlehre der Rechtswissenschaft, Berlin, Göttingen, Heidelberg 1960

Lazarsfeld, Paul F.: Wissenschaftslogik und empirische Sozialforschung, in: Logik der Sozialwissenschaften, hrsg. von E. Topitsch, 4. Aufl., Berlin und Köln 1967, S. 37 ff.

Leder, Gottfried: Kriegsdienstverweigerung aus Gewissensgründen, Freiburg 1957

Leipold, Dieter: Beweislastregeln und gesetzliche Vermutungen, Schriften zum Prozeßrecht, Band 4, Berlin 1966

Lenk, Kurt (Hrsg.): Ideologie, 3. Aufl., Neuwied und Berlin 1967

Løgstrup, Knud E.: Die ethische Forderung, Tübingen 1959

Luhmann, Niklas: Die Gewissensfreiheit und das Gewissen, in: AöR 90, S. 257 ff.

— Grundrechte als Institution, Schriften zum Öffentlichen Recht, Band 24, Berlin 1965

von Mangoldt-Klein: Das Bonner Grundgesetz, Band I, 2. Aufl., Berlin und Frankfurt 1957

Marcuse, Herbert: Versuch über die Befreiung, Frankfurt 1969

Maunz-Dürig-Herzog: Grundgesetz, Kommentar, München 1969

Müller-Freienfels, R. (Hrsg.): Eislers Handwörterbuch der Philosophie, 2. Aufl., Berlin 1922

Panhuysen, Ursula: Die Untersuchung des Zeugen auf seine Glaubwürdigkeit, Berlin 1964

Podlech, Adalbert: Der Gewissensbegriff im Rechtsstaat, in: AöR 88, S. 185 ff.

— Das Grundrecht der Gewissensfreiheit und die besonderen Gewaltverhältnisse, Schriften zum Öffentlichen Recht, Band 92, Berlin 1969

Popper, Karl R.: Das Elend des Historizismus, 2. Aufl., Tübingen 1969

— Logik der Forschung, 3. Aufl., Tübingen 1969

— Prognose und Prophetie in den Sozialwissenschaften, in: Logik der Sozialwissenschaften, hrsg. von E. Topitsch, 4. Aufl., Köln, Berlin 1967, S. 113 ff.

— Falsche Propheten. Hegel, Marx und die Folgen, 2. Aufl., Bern und München 1970

Reiner, Hans: Die philosophische Ethik, Heidelberg 1964

Die Religion in Geschichte und Gegenwart. Handwörterbuch für Theologie und Religionswissenschaften, hrsg. von Kurt Galling u. a., 3. Aufl., Tübingen 1957—1965

Rosenberg, Leo: Die Beweislast, 5. Aufl., München und Berlin 1965

Rosenberg-Schwab: Zivilprozeßrecht, 10. Aufl., München 1969

Scheler, Max: Der Formalismus in der Eethik und die materiale Wertethik, 5. Aufl., Bern und München 1966

Scheuerle, Wilhelm A.: Beiträge zum Problem der Trennung von Tat- und Rechtsfrage, in: AcP, Band 157 (1958/59), S. 1 ff.

— Rechtsanwendung, Nürnberg und Düsseldorf 1952

Scheuner, Ulrich: Der Schutz der Gewissensfreiheit im Recht der Kriegsdienstverweigerer, in: DÖV 1961, S. 201 ff.

Schmidhäuser, Eberhard: Gesinnungsmerkmale im Strafrecht, Tübingen 1958

Schmidt, Eberhard: Einführung in die Geschichte der deutschen Strafrechtspflege, 3. Aufl., Göttingen 1965

Schmidt-Bleibtreu/Klein: Kommentar zum Grundgesetz für die Bundesrepublik Deutschland, 2. Aufl., Neuwied und Berlin 1970

Schneider, Peter: In dubio pro libertate, in: Hundert Jahre deutsches Rechtsleben. Festschrift zum hundertjährigen Bestehen des deutschen Juristentages, Band II, Karlsruhe 1960, S. 263 ff.

— Prinzipien der Verfassungsinterpretation, in: VVDStRL, Heft 20, Berlin 1963, S. 1 ff.

Schönke-Schröder: Strafgesetzbuch. Kommentar, 15. Aufl., München 1970

Schreiber, Rupert: Logik des Rechts, Berlin, Göttingen, Heidelberg 1962

— Theorie des Beweiswertes für Beweismittel im Zivilprozeß, Berlin, Heidelberg, New York 1968

Smend, Rudolf: Gutachtliche Äußerung zur Frage der Erforderlichkeit einer Änderung des Grundgesetzes für die Bundesrepublik Deutschland als Voraussetzung des deutschen Wehrbeitrages zur Europäischen Verteidigungsgemeinschaft, in: Der Kampf um den Wehrbeitrag, Veröffentlichungen des Instituts für Staatslehre und Politik e.V. in Mainz, Band II, 1. Halbband, München 1952, S. 148 ff.; Band II, 2. Halbband, München 1953, S. 559 ff.

Stegmüller, Wolfgang: Hauptströmungen der Gegenwartsphilosophie, 2. Aufl., Stuttgart 1960

— Das Wahrheitsproblem und die Idee der Semantik, 2. Aufl., Wien, New York 1968

Stein-Jonas: Kommentar zur Zivilprozeßordnung, 10. Aufl., 5. Lieferung 1968

Stoker, H. G.: Das Gewissen, Erscheinungsformen und Theorien, Bonn 1925

Tarski, Alfred: Einführung in die mathematische Logik, 2. Aufl., Göttingen 1966

Thielicke, Helmut: Theologische Ethik, Tübingen 1955—1964

Tietgen, Walter: Beweislast und Beweiswürdigung im Zivil- und Verwaltungsprozeß, Gutachten in Beziehung auf den Verwaltungsprozeß für den 46. Deutschen Juristentag, in: Verhandlungen des 46. Deutschen Juristentages, Band 1, Teil 2 B, München und Berlin 1966

Topitsch, Ernst: Die Sozialphilosophie Hegels als Heilslehre und Herrschaftsideologie, Neuwied und Berlin 1967

Trillhaas, Wolfgang: Ethik, 2. Aufl., Berlin 1965

Troeltsch, Ernst: Die Absolutheit des Christentums und die Religionsgeschichte, 3. Aufl., Tübingen 1929

— Atheistische Ethik. Gesammelte Schriften, Band II, Tübingen 1922

Ule, Carl Hermann: Verwaltungsprozeßrecht, 4. Aufl., München und Berlin 1966

Undeutsch, Udo: Forensische Psychologie, in: Handwörterbuch der Kriminologie, hrsg. von Rudolf Sieverts, 1. Band, Berlin 1966, S. 205 ff.

Weber, Werner: Die Grenzen der Kriegsdienstverweigerung, Monschau/Eifel 1956

— Die Vereinbarkeit des Verteidigungsbeitrages mit dem Grundgesetz, in: Der Kampf um den Wehrbeitrag, Veröffentlichungen des Instituts für Staatslehre und Politik e.V. in Mainz, Band II, 2. Halbband, München 1953, S. 177 ff.

Wellmer, Albrecht: Methodologie als Erkenntnistheorie. Zur Wissenschaftslehre Karl R. Poppers, Frankfurt 1967

Welzel, Hans: Das Deutsche Strafrecht, 11. Aufl., Berlin 1969

Wittgenstein, Ludwig: Tractatus logico-philosophicus. Logisch-philosophische Abhandlung, Frankfurt 1966

Wolf, Ernst: Peregrinatio. Studien zur reformatorischen Theologie und zum Kirchenproblem, München 1954

v. Zezschwitz, Friedrich: Das Gewissen als Gegenstand des Beweises, in: JZ 1970, S. 234 ff.

Printed by Libri Plureos GmbH
in Hamburg, Germany